戴明管理思想精要

THE ESSENTIAL DEMING

质量管理之父的领导力法则

W. Edwards Deming, Joyce Nilsson Orsini
THE ESSENTIAL DEMING: Leadership Principles from the Father of Quality
ISBN: 978-0-07-179022-2

戴明管理思想精要

THE ESSENTIAL DEMING

Leadership Principles

from

the Father of Quality

质量管理之父的领导力法则

[美] 威廉·爱德华兹·戴明◎原著　乔伊斯·尼尔森·奥尔西尼◎整理　裴咏铭◎翻译

金城出版社
GOLD WALL PRESS
北京

图书在版编目（CIP）数据

戴明管理思想精要：质量管理之父的领导力法则 /（美）威廉·爱德华兹·戴明，（美）乔伊斯·尼尔森·奥尔西尼著；裴咏铭译. —北京：金城出版社，2019. 1（2024.4重印）

ISBN 978-7-5155-1776-6

Ⅰ. ①戴… Ⅱ. ①威… ②乔… ③裴… Ⅲ. ①管理学… Ⅳ. ①C93

中国版本图书馆CIP数据核字（2018）第264359号

戴明管理思想精要：质量管理之父的领导力法则

著　　者	［美］威廉·爱德华兹·戴明　［美］乔伊斯·尼尔森·奥尔西尼
译　　者	裴咏铭
责任编辑	李明辉
开　　本	710 毫米 × 1000 毫米　1/16
印　　张	17
字　　数	225千字
版　　次	2019 年 1 月第 1 版
印　　次	2024 年 4 月第 5 次印刷
印　　刷	鑫艺佳利（天津）印刷有限公司
书　　号	ISBN 978-7-5155-1776-6
定　　价	59.80元

出版发行	**金城出版社** 北京市朝阳区利泽东二路3号　邮编：100102
发 行 部	（010）84254364
编 辑 部	（010）64391966
总 编 室	（010）64228516
网　　址	http://www.jccb.com.cn
电子邮箱	jinchengchuban@163.com
法律顾问	北京市安理律师事务所 18911105819

目 录

前　言

威廉·爱德华兹·戴明博士出版书籍、在学术期刊和大众媒体发表文章，并经常给编辑们写信。他给同事和学生们写文章，给客户做了几百次研究报告，也留下了许多未经流传的文章手稿，以及给同事、企业和客户写的个人信件。他给数万人上了为期 4 天的研讨班课程，并经常在会议上讲话。他批评现状，对于政府和公司政策直言不讳。他的许多思想已成为当今商业的标准，还有很多思想需要被人们采纳。

根据时间先后顺序，戴明的著作从 20 世纪 20 年代末期到 40 年代以物理为主。之后的 40 年，他的著作主要集中在统计学和抽样理论。在他最后的 13 年（1980—1993），他的著作侧重于管理转型。

戴明早期统计作品中零星出现了管理理论。40 年后，这些理论又出现在他的管理著作中。我认为，戴明的管理理论是他毕生的巅峰之作，包含了一切。

这本关于戴明理论的书，用他自己的话说，是从他写的文章、论文、会议或研讨班的讲话稿中一点一点选摘出来的，一直选摘到现在。

我的整理方法：我查阅了华盛顿市国会图书馆手稿部的戴明材料集、多年来戴明给我的材料、他在课堂上或各种会议上的发言稿复印件，以及我从其他渠道搜集的资料。我也看了几百小时他给学生上课或会议发言的录像和录音。戴明半数的著作偏统计学，不适合本书的普通读者。

浏览了几千份文件之后，我仔细查看了约 850 篇有可能用在本书的戴明的文章、信件、论文、案例、讲话和笔记，并从中选取了100篇，全文或部分用于本书。他的著作全都是手稿，所以需要数字化。有几个文件是第六次或第七次的复印件，很难辨认，但我觉得非常值得花时间将它们收纳在本书里。20个会议录像和1个录音带被转成文字，并在本书中加以节选。

这次看戴明著作的时候，我发现他会在不同文章中重复使用相同（完全一样）的段落，有时在不同文章中甚至用完全一样的标题。虽然每篇文章都有新内容，但有时半数内容都是从其他文章中选摘的。许多文章是在前电脑时代写的，所以可以看到一些从最初稿件中剪贴的段落。戴明也在新的文章中重新阐释他以前的作品，尤其在演讲中，同样内容他经常来回重复两三次，以示强调。重复的部分已被删除，为了尽量减少这本书不同文章的内容重复，编辑帮了很大的忙。因此，这本书所含的完整的文章非常少。

只要一有机会谈统计理论，戴明从不错过。因此，我的大部分工作是在编辑他文章的这些统计理论，当然，在第七章的统计学部分也节省了一些时间。没有统计理论的基本知识，不可能谈预测。

戴明的写作风格他人无法模仿，我保留了他的这种风格。他不用缩写格式，而是用两个单词，如can not、cannot，而不用can't。有些词他用的是英国拼法，如connexion、enquire、lustre。美国编辑常常把这些单词换成美国拼法，但没有全部换掉。对于编辑过的内容我不再强调他原来的风格，因此没有撤销这些修改，也没有改变他原有的模式风格。在这方面，读者会发现文章之间有些差异。毫无疑问，也会在戴明的著作中发现其他一些作者特有的风格。

戴明没有在每一篇文章中都使用相同的风格或结构。最初，为了不让读者感到困惑，我试图让所有文章在风格上保持一致。结果完全失败，戴明用写作风格塑造内容，这本书的每一篇文章都保留它们原来的风格。

选择每篇文章在本书里编排的位置很困难，有些文章可以放在其中的任何一章。最终，这些文章被放在我认为最有益于读者的地方。

这本书摘录的内容都是戴明的原文，除了开头注明的介绍部分，我没有添加自己的话。这本书不能替代戴明的原著：《转危为安》和《新经济观》。《戴明管理思想精要》必须包含戴明在这两部早期作品中的思想，但没有全部囊括。该书是为那些希望了解戴明在这两本早期著作之外如何看待我们生活的这个世界的读者写的。

感谢尼可·帕帕达波罗斯。她当时是麦格劳·希尔公司的编辑，编写本书是由她提出来的建议。感谢麦格劳·希尔的高级编辑诺克斯·休斯敦的专业帮助，以及在准备出版本书的过程中所给予的建议。我也要感谢我的朋友兼同事、令人尊敬的劳伦斯·考斯提格里奥，感谢他的合作，以及在本书写作的每一个阶段的建议和推荐。

乔伊斯·尼尔森·奥尔西尼

2012 年

第一章

世界毁于尽最大努力

盲目地尽最大努力将导致失败

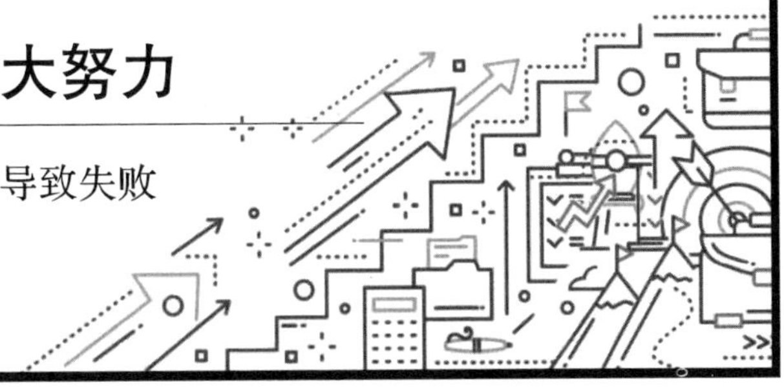

THE ESSENTIAL DEMING

人们往往遇事不顺，优秀员工会寻找“纠正”问题的办法。我之所以将纠正一词打上引号，是因为纠正的结果常常让事情变得更糟糕。这不是由于动机不良或缺乏后续跟进措施。如果问题是程序设计的缺陷所致(管理者的责任)，员工的突然调整可能改变系统，致使以后生产的产品或提供的服务质量更糟。纠正的对象不正确，最终将有害无益。优秀员工尽最大的努力反而有可能使情况变得更糟，这种思想有悖常理。但尽最大努力并不能解决问题，人们需要的是更好的管理体制。

本章内容包括戴明1978年至1992年间所写的、旨在帮助管理人员承担积极管理责任的文章。他承认，许多不良做法已根深蒂固，需要几十年的时间才能根除。他也意识到，许多行政主管不知道自己处于多大的麻烦之中。他将美国局势与20世纪40年代末期日本的状况结合在一起讨论。

这一章的结尾部分是针对绩效工资制度、竞争和垄断，以及品管圈(也称质量控制圈) 等方面的文章。

THE ESSENTIAL DEMING

戴明写这段笔记是为了提醒自己，美国正处于危机之中，很像第二次世界大战后的日本。但与日本不同的是，美国没有意识到自己正处于危机中。

无形的危机

第二次世界大战后的日本危机四伏。危机是可见的，国家被炸得支离破碎，毁于战火。我们的危机更严重，因为它是无形的。1950 年，日本的高管请我去帮忙。不久，日本变成了经济强国。秘密在于：

系统的管理、各部门合作，而不是竞争；对人员进行管理。

不良的管理方式让我们深受其害，比如将人、部门、工厂按等级划分，造成人与人之间的竞争；按业绩管理，不懂人人皆赢的系统内合作。

需要转型，而不仅仅是改变，转型要求有深厚的知识。

（摘自 1994 年 4 月 4 日所写的笔记）

THE ESSENTIAL DEMING

14 年前，在给某大学系主任的一封信中，戴明讨论了阻碍美国工业改善的路障。他谈到日本一线工人和管理人员努力合作，以及日本是抄袭其他国家的错误概念。如果日本人抄袭，他们怎么会领先这么多？这岂不是非常神奇！

戴明认为，美国公司业绩不良，至少部分原因应归咎于没有跟上现代管理方法和管理创新的步伐。他在这封信中说，美国一线工人和美国管理人员之间的关系“情势悲观”。

不合理解释与托词

从美国贸易不平衡这方面来看，美国急需提高工业的生产率，但一个大路障阻碍其中。这个路障就是大多数美国人（不幸的是，还包括大多数工业领导人）对日本的成功以及他们产品的竞争地位的不合理解释与托词。最好要正视这些现实，更好地了解日本效率和质量奇迹背后的原因，日本经济发展的奇迹一直为其他工业经济体所羡慕并被视为典范。

大多数美国人，上至高层管理，下到普通职员，甚至消费者，都严重扭曲了日本企业的形象。美国人似乎难以相信，日本能够超越美国依靠的是纯粹的效率和卓越的革新，而不是降低工资或延长工时。指责日本公司通过日本政府提供的补贴或优惠待遇，以低于成本的价格向美国海岸倾销，在大多数情况下这种说法都不成立。美国人还普遍存有这种观念：进口日本产品降低了美国人的生活水平，因为他们从美国人手里夺走了工作，但事实是，没有日本产品，大部分美国人，尤其是那些低收入人群的生活水平，相比现在将大幅度下降。

每个人都知道，美国经济已经失去了在生产率方面的领先地位，商业需要生产率平衡商业活动。毫无疑问，造成这种不良业绩的原因有很多，但可以肯定的是，原因之一是美国的管理没有随现代管理方法的进步而进步。在革新方面，美国人赶不上日本人。美国一线工人和美国管理人员之间的关系情势悲观。

相反，在日本，一线生产工人的贡献与管理人员的贡献是密不可分的。即使在某些部分有自私的动机存在，但所有人都朝着同一个终极目标共同努力。生产率越高，每个人所得经济利益越好。这是一个简单的原则，日本人很早就掌握了这个原则。

另外，大多数美国人的脑子里都有这样一种猜测，认为日本制造商抄袭其他国家的技术和产品。日本人聪明，确实能够抄袭。

日本人抄袭了谁的火车？列车行驶的误差时间不超过 15 秒（我不是说 15 分钟），他们从哪里得到的这种想法？索尼抄袭了谁的电视？谁的相机？我手里拿着一个卡西欧便携式计算器，重 57 克、厚 6 毫米。我还有个数字时钟，时间误差每个月不到 2 秒。美国的制造商能生产吗？可以。那他们为什么不做？因为日本人打败了他们。

日本人也有优秀的革新能力，他们开拓了卓越的管理和贸易渠道。美国人没有意识到这一点，这是改善美国生产效率、在美国进行革新的障碍之一。美国工业领导人最好承认，大部分（并非全部）日本产品比美国的同类产品更好、更可靠，日本制造业总体上比美国制造业效率更高。

日本的邮政服务令人妒忌：我晚上 7 点 25 分在一条街上给自己寄了一封信，这样做只是为了测试。当天晚上 10 点，信已经在宾馆等我了。显然，日本人没有抄袭我们的邮政系统。战争结束后的一两年，99%的日本家庭都通了电。

我的上述论断是基于从 1950 年以来与日本企业长期合作并 14 次到访日本得出来的。1978 年 10 月，我将第十五次去日本，这次比我与美国企业合作的时间更长。我该提醒的是，根据日本人提供的证明，1950 年开始的统计质量控制带来了日本产品质量和生产效率的革命。这些方法影响到生产的各个方面，从原材料到成品，以及消费者研究、产品再设计和新产品设计，尤其适用于生产的一个特征是区分技术，这些技术可以区分：①导致质量差异和经济损失的特殊原因；②只有管理者才能更正的系统错误。因此，统计方法帮助日本的管理人员与生产工人通力合作。

如果能让美国一线生产工人感觉到管理者真心要改善系统，生产工人只对他们应该负责并能控制的事情负责，不用对系统导致的问题承担责任，那么增强美国生产工人的士气、促进生产并不难。

例如，大多数人都不知道，召回有缺陷汽车配件的根本原因在于管理，而不是工艺粗糙。问题出在设计方面，而不是工艺。设计属于管理职能，不是生产工人的责任。

日本管理者还从 1950 年的美国学习了其他新的管理原则。有的公司在 6 个月内产生了显著效果。15 年内，日本的产品质量和高生产率已经颠覆了世界货币体制。

这些原则从美国进口，在日本使用和改良，现在方便任何人学习和使用，包括美国人在内。

美国管理的另一个不幸障碍是美国商学院引导学生相信，管理者不必无所不知。大多数美国商学院都不太尊重经济、历史、法学理论、心理学、数学、统计方法的基本知识。以电脑替代基本知识将损害美国的生产。

摘自写给商业管理学院院长的备忘录

美国大学

1978 年 8 月 23 日

THE ESSENTIAL DEMING

在下面摘录的这篇文章中，戴明将不良业绩归咎于高层管理，需要采取的措施不能委托代办，也不能由工人完成，他们已经尽力了。

每个人都已经尽了最大努力

国家财富取决于这个国家的人、管理和政府，而不是它的自然资源。问题是去哪里找到优秀的管理。将美国的管理出口给一个友好国家是一个错误。

要恢复稳定的竞争地位，美国还要走很长的路，10 年到 25 年，需要进行很多变革。管理人员的季度分红和短期任职已经打败了竞争能力，而美国人的生活水平本应该比现在的生活水平更高。

经常被股东和董事会用作衡量高管业绩标尺的账面利益既不能对任何人的物质生活做出任何贡献，也不能提高某个公司或某个美国工业的竞争能力。

账面利益做不出面包，改善质量和生产率可以生产面包，有利于提高世界各地所有人的物质生活。

人人都尽力还不够，每个人都已经尽了自己最大的努力。只有方向正确，付出的努力才会有效。

高管们不能只是致力于质量和生产率，他们必须知道自己努力的对象是什么，也就是说，他们必须做什么。这些责任不能让他人代替行使，简单的赞同是不行的，新年的立志决心也行不通。

只有高层管理者才能推动必须要进行的改革，如果高管们没有做到第四章所列的戴明管理 14 点中的任何一点，都将有损于为其他 13 点付出的努力。

摘自“新经济时代的管理责任”

大阪管理科学研究所

1989 年 7 月 24 日

THE ESSENTIAL DEMING

戴明指出通常用于改善企业的建议中的一些缺陷和谬误，他认为每条建议都回避了管理者的责任。他认为，只有勤奋和尽最大努力并不能提高质量，质量需要的是知识。

通常的建议是达不到效果的

我们处于什么状态？我们做得怎么样？我们思考一下美国或整个北美的情况，而不只是想着我们自己、我们公司或我们自己的小群体。在贸易平衡方面，美国做得怎么样？答案是：我们没做好。

北美对新知识以及知识的应用做出了很多贡献。从 1920 年开始，以及在此之后的几十年，通过使用高效产品和自然资源，美国将自己制造的产品送到全世界几百万人手中，否则，他们不可能用到这些产品。那时我们的产品质量很好，足以吸引顾客继续购买我们的产品和服务。

战后 10 年，北美是世界上唯一能满负荷生产工业品的地区，工业世界的其他国家处于战争的废墟中。他们是我们的客户、心甘情愿的买主，黄金大量流入诺克斯堡[①]。

每个人都希望这样的美好光景能够继续，并繁荣昌盛。在扩张的市场中管理商业很容易，也充满希望。但与人们的预期相反，当我们回顾过去时，我们发现，在过去的 30 年，美国经济一直在走下坡路。查询地震发生的日期很容易，但衰退从什么开始，却没法知道。

发生了什么？难以置信的是，现在的一切与 1950 年截然不同。变化是循序渐进的，人们无法感觉到一周接一周发生的变化，只有回首过去

① 美国联邦政府的黄金贮存地，位于肯塔基州。

时，才看到衰退。猫不知道黄昏已经降临地球，但身处一片漆黑的夜晚时，猫和我们任何人一样感觉无助。

有些产业比以前做得好。现在的美国，汽车比以往任何时候都多，乘飞机旅行比以前也多很多。这些数字意味着衰退还是进步？回答这个问题需要考虑的是：1958 年，我们只有城际列车。那时，旅行可以选择飞机或火车。现在，我们的铁路运输服务数量有限，交通工具要么是飞机，要么是汽车；人们只能乘飞机或开车出行。

直到几年前，农产品（小麦、棉花、大豆等）一直是贸易顺差，但这种情况已不复存在。农产品进口已替代出口，在我的一个研讨班中，有人指出，如果把违禁药品也包括在内的话，农产品赤字将比公布的数字更糟。

美国最好的一项出口产品（能赚美元的）是战争物资。我们可以大幅度扩大这一收入，但一定要符合道德标准。美国的飞机约占国际市场份额的 70%，收入巨大。另一大盈利出口是废金属，我们不用，所以卖掉。紧随废金属之后的是纸板和纸张的出口，木材是重要的可再生资源。据我所知，建筑设备也是重要出口之一。美国电影，一个服务性行业，赚的钱也很多。银行和其他服务行业曾一度辉煌，但现在已日落西山，现在的银行业大多因不良贷款而亏损。（悄悄告诉你，银行业的质量也可以提高。）

为了赚美元，我们输出部分精加工的铁矿石、铝、镍、铜、煤，这些全都是不可再生资源，废金属也不可再生。

我们是吃老本吗？我们一直浪费自然资源。更糟糕的是，我们终有一天会明白，我们毁掉了自己的人民，毁掉了我们需要的人民。

我们的问题是质量。大概从 1958 年起，日本产品大量涌入。产品价廉物美，不像战前或战争刚结束时的产品那样粗制滥造，虽然便宜，但不值那个价格。人们偏爱进口产品（至少有些人是这样），这种趋势逐渐上升，威胁着北美工业。

那时美国人在打瞌睡吗？现在我们还没醒吗？我们的问题是质量。难道我们做不出优质产品吗？当然，有些美国产品非常出色，我们感谢这些产品。不幸的是，美国有些好产品，如好的纸夹，走出国门就没有了吸引力。

仅仅顾客满意还不足够，满意的顾客也可能流失，为什么不？改用其他产品可能对他更好。

公司胜出需要有忠实的顾客，那些排着队、带朋友来的回头客。

公司处于什么状态才是提高质量的最佳时机？答案是：运营良好、未来有保障的公司是提高产品和服务质量的最佳时机，并因此能改善它自身以及我们大家的经济条件，这样的公司最有义务改进质量。垄断企业最有利于提高质量，它们最有义务这么做。

通常的质量建议。人们对质量有着广泛的兴趣，假设我们下星期二要进行全民表决：

> 你喜欢好的质量吗？
>
> （请如实回答）
>
> 喜欢 ________________ 不喜欢 ________________

我相信，结果将是大多数人倾向于质量。不幸的是，如何得到好的质量？对于这个问题几乎每个人都有不同的答案。我们看一看写给编辑的信、演讲稿和书。看似非常简单。下面是给出的一些答案，全都不足以解决问题，有些建议还会导致负面结果。

> 自动化。
>
> 新机器。
>
> 计算机。
>
> 电子设备。
>
> 勤奋工作。

尽最大努力。

让每个人都肩负责任。

MBO（目标管理法，用数字管理、实际干预）。

MBR（结果管理）。

考绩制度（实际上是毁灭人的制度）。

奖励津贴，按绩效支付工资。

工作标准（配额、时间标准）。

如果在制造业和服务业（银行、电信公司）中采用这些措施，会使生产支出成倍增加；

这些措施剥夺工作自豪感，只强调数字，不重质量；

这些措施妨碍质量改进。

准时化生产。

零缺陷，零缺陷日。

符合规格。

激发人的积极性。

评价。以上所列建议的缺陷和错误很明显，每一条都回避管理责任，只要求管理技术，而不是管理知识。

为什么上述建议不起作用？因为每条建议都没有我所说的渊博的知识这一要素，也没有知识的替代物。勤奋和尽最大努力本身不能生产优质产品，也不能开拓市场。我们马上谈这些建议中所缺乏的要素——渊博的知识。

如果读者能参加一些我的咨询，他们会觉察到，过多自动化和新设备是低质量和高成本的根源，会让我们关门歇业。如果能像所计划的那样发挥作用，这些设备中大部分的实际生产能力是所需要的生产能力的两倍。

有些生产工序设计不良，比如：制造→检测→检测→……从经济方面考虑，这个设计中的检测环节可能不是最佳工序，而且，检测设备带来的麻烦常常超过它所发挥的作用。

当然，按时交货，同时又做到低库存，这是件好事。不幸的是，往往一开始就朝错误的方向努力。出发点是操作程序和所使用材料的运转。一旦程序和运转处于统计控制中，工厂的管理人员会知道，明天3点他需要多少这个、多少那个。质量和数量将可以预计。

零缺陷、符合产品规格、进货、出货，这些都不够好。当然，我们不希望违反产品规格，但符合规格还不够。装配线上的每个部分都必须作为一个系统，共同合作。各装配线也必须作为一个系统，共同合作。请参考《转危为安》一书的相关内容。

> 三个原则。开发阶段的部件测试：①不能保证它们在系统中使用时能运行良好；②不能提供平均故障间隔时间；③不能确定产品服务中需要哪种维护，以及维护的成本。

某公司宣称，未来属于给这个公司投资的人。于是，他们花450亿美元购买新机器。结果证明，这些机器大部分成本高、质量低。但必须为管理者们辩解的是，他们这样做的目的显然是着眼未来，而不是追逐短期利益。

我们毁于尽最大努力，因为努力的方向不正确。可以说这已经成为无须求证的公理，尽最大努力需要在管理理论的指导下进行。

错误方法。公司总裁将质量交给他的工厂管理者，按时完成任务的结果很明显，但也令人尴尬。正如预料的那样，质量下降。工厂的管理者不可能知道质量是什么，即使他知道，也无能为力。他孤独无助，只能努力做好自己的工作，并使产品符合规范。

公司总裁写道：

> 各厂人员对自己工厂生产的产品及其质量负责。

他们不能负责，只能努力做好自己的工作。应该对他们的产品和产品质量负责任的是写上面那句话的人，即公司总裁。

公司的管理人员将下面这句口号发到所有员工的手里：

> 操作工人对我们产品的质量负责。
>
> 检验员分担这一责任。

同样，操作人员不能对他的产品负责，该对产品负责的是管理者；而且，像上面那样，让操作人员和检验员共同分担责任肯定是错误的，一定会带来麻烦。

上述两个例子中的管理者把自己的责任推给那些对于界定质量和改善工序无能为力的人。另一个例子是：一群管理顾问这样宣传：

> 质量信息系统计算机化在高端技术和有效决策之间建立了至关重要的联系。

我希望管理能如此简单。

巨大损失。公司的财务人员只一味地降低成本，认为任何成本都太高，这种事例太常见了。他们为什么要花钱买违背良好实践的机器？

管理者们一定要管理巨大损失，应该节约每个铜板，但如果努力节约每一分钱的同时却忽略了巨大损失，这样的节约是徒劳的。像劳埃德·纳尔逊博士几年前所说的那样，巨大损失不可知，也无从知晓，其中大多数损失都没办法发觉。

什么是巨大损失？答案是：所谓的考绩制——实际上是毁人；目标管理法（MBO）根据数字、配额管理，没有将各种活动和公司的各个部门作为整个系统进行优化，根据目标矩阵制订的商业计划没有考虑到系统改善的整体计划。导致损失的其他原因还有：

> 工人培训工人。
>
> 主管们尽力工作，努力改进质量、扩大市场和利润，但没有高深的知识作为指导。
>
> 干预。
>
> 没有优化人员和公司内部各部门的努力，而是接受次优化——每个人都想使自己部门的利润最大化，结果造成损失。
>
> 顾客和供应商没有共同努力使质量越来越令人满意、成本不断降低、各方都受益。
>
> 管理人员必须知道田口损失函数，他们有责任意识到质量特征至关重要，征服它，然后进行下一步。

摘自“新经济时代的管理责任”

大阪管理科学研究所

1989 年 7 月 24 日

THE ESSENTIAL DEMING

美国管理模式的转型不是再构建，也不是修改，它需要全新的结构，从基层开始。戴明概述了一些失败案例、阻止衰退的必要性、七大致命弊病、漫长的恢复道路，以及就政府和服务行业写的一些笔记。

需要新结构

管理者没有制订未来计划，也没有预见到将导致人力、材料和机器时间浪费的问题。所有这一切都将提高制造商的成本和价格，这些是买家必须支付的，但消费者不愿意一直为这种浪费买单。不可避免的结果是丢失市场，丢失市场将导致失业。

管理业绩的衡量标准不是季度分红，而应该是在生意场上生存下去的潜力、保护投资的潜力、通过改进质量和服务确保未来红利和就业机会的潜力。

将员工扔进失业大军已不再为社会所接受，失去市场，以及因此而引起的失业不是命中注定，而是人为的。

美国工业的弊病，以及因此造成的失业的根本原因是高级管理人员的管理失败，卖不出去东西的人也没有购买能力。通常被援引为导致公司失败的原因有启动成本、成本超支、过量库存而导致的贬值、竞争，或任何其他原因，但就是没有提到真正的原因：纯粹的管理不善。

管理者们必须做什么？显然，他们有新的事情要做。管理者从何得知必须转型？他们不能仅仅从经验中学习改善质量、提高生产率和公司的竞争地位所必须采取的措施。

简单地要求每个人都尽自己最大的努力不是解决问题的办法。首先必须要做的事情是大家都明白要做什么。需要有大变革，转型的第一步是学习如何改变，也就是说，理解并使用 14 点，治愈七大致命弊病。

七大致命弊病

戴明管理 14 点的应用将转变美国管理模式。不幸的是，致命弊病和障碍仍妨碍转型，下面的七大弊病困扰着大多数美国公司。

1. 缺乏可持续的目标，并根据这个目标策划能占有市场、保持公司运营，并提供就业机会的产品和服务。
2. 注重短期利益：造成短期思维的原因是害怕不友好收购、被银行家和股东的红利所驱动。短期利益不是管理业绩的可靠指示器，任何人都可以通过推迟设备维护、削减科研经费或收购另一个公司等措施支付红利。

   红利和账面利益经常被用作衡量财务经理和公司领导人业绩的标尺，这些措施对任何地方、任何人的物质生活没有贡献，也不能提高公司或美国工业的竞争地位。账面利益做不出面包，但改善质量和生产率可以做出面包。
3. 绩效评估、成绩评定或年终评审。这些传统评估体制奖励那些在公司体系里表现优秀的员工，但不会激励人尝试改善体系。
4. 管理流动制。管理职责与公司福利密不可分，人员从一个公司流动到另一个公司可以快速制造明星，但人员流动制损害团队工作，团队工作对公司的继续生存至关重要。来了新经理，每个人都揣测将会发生什么。董事会从外面聘请人来拯救公司时，不安的气氛在公司弥漫，每个人都视他为大救星。

   美国的劳动力流动是另一严重问题，它的一大“贡献”是产生对工作的不满情绪，而且不能使员工获得工作的自豪感。当人们对工作不能感到自豪时，他们就会待在家里，或四处寻找其他工作。

缺勤和人员流动在很大程度上是管理不善造成的。

5. 用可见数字管理。只根据看得见的数字经营公司既保不住公司，也保不住数字。对管理者们来说，最重要的数字（比如来自满意顾客的相乘效应和来自不满意顾客的反效应）要么不存在，要么无法获知，但成功的管理者无论如何都必须考虑这些数字。
6. 高额医疗费。庞蒂亚克汽车分公司经理威廉·霍格伦德有一天这样对我说："蓝十字是我们的第二大供应商。"6 个月后，他告诉我说，蓝十字的费用已超过了钢材，每辆汽车的直接医疗费用是 400 美元。
7. 过高的法律责任费用，因支付处理意外事故的律师费而增加。

漫长的恢复之路

任何想要转型的管理者都应该长期学习新知识和新理念，胆小的人、怯懦的人，以及急功近利的人注定会令人失望。

解决问题，无论问题大小，都不能阻止美国工业的衰退，广泛使用计算机、仪表和自动化机械也不能。大规模使用新机器只是在徒劳地虚构希望，立即大范围地教授生产工人学习统计方法不能解决问题，即刻大规模应用品管圈也不是办法。

走动式管理也很难奏效。原因在于：到处巡查的管理人员不知道问什么问题，通常也不会在一个地方长时间逗留，以使他有足够的时间找到答案。

所有这些活动都有它一定的作用，但只能起延长患者生命的效果：阻止不了衰败的进程。只有转变美国的管理模式、政府与工业的关系，才能停止美国衰退的步伐，并给美国工业一个再次领先世界的机会。

菲根堡姆估计，现在人们所购买的几乎所有美国产品的 15%~40%的制造成本存在浪费——劳动力的浪费、机器时间的浪费、因负载产生的非生产性成本。

如果我是银行家，我不会给新设备贷款，除非申请贷款的公司用统计数字表明，他们正在合理地、全负荷地使用现在的设备，努力做到管理14点，治愈七大致命弊病。

政府和服务行业

质量改善将延伸到政府和服务行业——宾馆、饭店、货物和旅客运输、批发和零售机构、医院、医疗服务、老年人保障，甚至还有邮政。我不区别对待制造业和服务业，所有产业（制造业和服务业）都遵守同样的管理原则。

所有公司和部门都必须采用新的管理模式。美国的管理模式不仅不适应这个经济时代，而且许多政府规定和司法部反垄断部门也落伍了，推着美国工业走下坡路，这有悖于美国人民的健康幸福。依赖关税保护和“购买美国货”的法律只会削弱竞争力。不友好收购和杠杆收购是美国体制内的毒瘤。害怕收购，强调季度分红，打破了目标的一致性。通过提供有市场的产品和服务使企业能继续经营，如果没有这个稳定的目标，未来将面对的是不景气和更多失业。

当我们权衡未来的工作时，显然，道路漫长而且遍布荆棘，需要几十年的时间才能完成。美国商业和工业再也经不起跳槽——这里做一会儿，然后拍屁股走人，从一个公司的管理层跳到另一个公司管理层。管理者必须宣布未来的发展政策，努力使公司继续经营，为他们的员工提供就业机会，为更多的人提供就业机会。管理者必须了解产品和服务的设计、材料的获取、生产问题、工序控制以及那些剥夺人们生育权和自豪感的工作障碍。

未来是有希望的，事实上，革新的一项要求是对未来充满信心。如果管理者们没有宣布要毫不动摇地全身心投入质量和生产率，革新——未来的基石——将不能带来繁荣昌盛。许多美国公司正努力遵从管理 14 点，治疗困扰他们的顽疾，并取得了实质性结果，但完成转型还需要时间。可以肯定的是，我们还没有摆脱危机。

摘自“美国管理转型”

《卓越经理人》

1987 年 1 月

THE ESSENTIAL DEMING

许多人缺乏足够的工作知识，缺少指导，而且关注的对象有问题。在这篇文章里，戴明讨论了美国公司巨变的必要性。

人人尽力不是解决问题的办法

几乎所有西方世界的公司都面临的最大问题不是竞争对手，也不是日本。他们所面临的问题是他们自己造成的，是在他们老家产生的、不符合当今竞争世界潮流的管理。

为了生存，西方世界正在采用的管理体制必须被摧毁，开始构建新体制，只修修补补还不行。

人人都尽力不是解决问题的办法，每个人都在尽最大的努力。人们一定要理解这些必要改革的原因，而且这种理解和努力须持之以恒。

关于提高质量和生产率的必要性，要谈的东西很多，而且每个人都清清楚楚地知道该怎么做。完成它则是其他人的事，而不是我。

在许多管理者眼中，令人头疼的事情是许多操作工人（也有管理人员）

对待工作马马虎虎、玩忽职守。一位作者有解决这个问题的办法——让所有员工对自己的工作行为以及对他们期望的结果负责。事实是：绩效评估、数字管理、目标管理法已经摧毁了西方工业。继续这么做很难解决问题。

年终绩效考评已经将西方工业拖垮，工作标准使运营成本翻倍。

其他作者认为信息可以解决问题。他们说，只要有足够的信息，任何人都能改进工作。事实上，没有理论的指导，数字本身不能提供任何信息，没有任何意义，做不出任何解释。简单地说，知识不可替代，数字本身不是知识。

也有人寄希望于仪表、计算机、新机器和自动化机械。解决问题不是答案，也不能改善公司经营，这些都不是转型所要求的。

与竞争对手相匹敌还不够，那个声称他的目的是要达到与对手势均力敌的人已经战败了，前面是死胡同，走投无路。同样，零缺陷也是让公司直线下滑的高速路。可悲的事实是，可能某个产品的所有部件都符合规格，但这个产品也许并不令人满意，甚至完全失败。这个世界需要超越规格的界限，不断努力改善最后成品的使用效果。

同样，仅有顾客满意还不行，满意的顾客会毫无原因地转向其他产品，只是为了试试其他东西。为什么？利润和增长来自能赞美产品或服务的顾客——忠诚的顾客。他不需要广告或其他说服行为，并且他会带着他的朋友一起购买。

长期以来，西方的管理们一直过于重视终端产品——要求人员、生产率、质量、销售、库存等方面的报告。管理人员必须将注意力转向由管理层对质量和服务负源头责任上，即产品的设计、生产产品和提供服务的过程设计。长期以来，西方的管理模式是启用自动模式开车，眼睛盯着后视镜（梅伦·翠柏斯博士）。

辨别稳定系统与不稳定系统之间的界限对管理层至关重要。稳定的系统就是某个人的表现能够被预见；这是统计管理。

员工的每周缺勤率、事故率、顾客的投诉频率、担保费用、销售、出厂质量、成本、废料、退货、逾期四周或四周以上的账款等项目的线形图，这些都将显示有待改善的责任在哪里。观察两年以上的每周比例线形图很有益。线形图是否显示系统稳定？如果是，只有管理人员才能消除它。

这样的线形图偶尔也会用数字清楚显示管理的无效和错误。超出系统能力的目标是达不到的，除非毁掉公司的其他系统。管理层需要的不是目标，而是在源头不断改进设计和程序，这是管理责任。

摘自“西方管理巨变”第十四份报告

威斯康星大学麦迪逊分校改善质量和生产率研究中心

1986年6月8日

《卓越经理人》再版时稍有修改

原则至上领导力协会

THE ESSENTIAL DEMING

戴明认为，美国公司管理不善至少部分原因在于美国管理者没有跟上现代管理和革新的步伐。在这篇文章里，戴明认为，美国生产工人和美国管理层的关系令人悲观。

我们被出卖了

一、需要质量

美国工业统治世界几十年，制造品出口在第二次世界大战后10年达到最高峰。世界大战摧毁了其他工业国家，整个世界的人排队购买北美能生产的任何产品。人人都希望这样的美好时光能够继续。然而，取代它的是衰退。这发生了什么事？

美国遭遇前所未有的贸易赤字已经20年，过去依靠农产品出口帮助填补赤字，但现在不行了。购买我们小麦的顾客抱怨说小麦脏、质量差。现在，美国农产品进口与出口持平，如果负债表上加上进口的违禁药物，显示结果将是赤字。

衰退的根本原因是许多美国产品的质量没有竞争力，从来没有竞争力。几代人以前，美国生产的规模产品为改善全世界人民的生活做出了贡献。以前数量重要，质量不重要。现在，美国的问题是质量。这里的目的是开始学习如何提高质量。

像任何人预料的那样，美元兑日元贬值的结果令人失望。如果我想卖这张桌子，但没人想买，减价也还是卖不出去。

美元贬值不是改善商业的正确道路，提高质量才是解决办法。与战后的好年景相比，现在我们所处的地位截然不同。

美国工业的弊端源于错误的管理方式。不幸的是，这些错误的管理方式在国际间自由传播。

在西方世界，错误管理方式和不良做法已经发展成型，且根深蒂固。为提高质量和生产率，必须将它们摧毁，代之以新结构。最近美国企业的重点是金融、季度分红和资产操纵。传统经营方式必须改变。例如，质量进步要求在顾客和供应商之间建立长期的合作关系，抛弃传统的、根据价格竞争的方式。质量必须稳定、有竞争能力，并不断提高。

二、不良做法举例

高层管理将他们的质量责任弃之不顾，忙于金融、季度分红、公司股票价格、频繁买进卖出股票、短期规划、次优化。

缺乏质量政策。如果要继续生存，质量必须从董事会的会议室开始。

质量要求各阶段的操作定义，包括消费者的质量要求。质量要求有质量组织，质量组织要求有深厚的统计理论知识。

奖励津贴

根据价格标签做生意，以为符合规格的两件物品的性能一样，凭借竞争就能解决所有问题。

认真仔细地处理有关人员、质量、销售、客户投诉、逾期账款等方面的报告，而不是在董事会会议室里空谈改善。

年度业绩评估，或所谓的考绩制，在美国工业遭遇的所有毁灭性力量中，这个的打击力最大。它毁掉了人——我们最重要的资产。改善管理的方法现在一目了然。

目标管理，数字管理。

以为只要努力工作，尽最大努力，一定会有好质量。

以为改善操作、解决问题、把火踩灭就能保障质量。

三、管理者没有承担质量责任

不幸的是，美国企业有这样一种观念，认为只要改善操作，就能确保质量提高。事实是，即使公司的一切操作完美无瑕，公司依然失败：生产出非常好的产品，但没有销路。以为仅凭努力工作、尽最大努力、改善操作、解决问题、把火踩灭就能保证质量的想法是错误的。

努力工作不能确保质量，必须懂管理理论，然后尽最大努力实行。管理理论现在已经存在。

显然，经验不是解决方案。美国极其重视经验，多年来一直用它作为衡量人的标准。除非有专业理论和统计理论的指导，否则，经验本身不能教人学会任何东西。

仪表、自动化、计算机、信息力量、自动化机械都不是答案，零缺陷也不是。许多新机器的使用结果证明它们是麻烦和高成本的罪魁祸首。金钱买不到质量。没有什么能替代知识。新机器应该根据管理理论进行规划，必须能改善工序。

消费者满意不是解决办法。满意的顾客可能会流失，利润和业绩来自忠诚的顾客。忠诚的顾客会排队等候，会带他们的朋友一起来。

生产者的义务是预见消费者的需求，为他们提供新设计、新产品和新服务。

在竞争中，我们美国已经被出卖了。适当的竞争是必需的，但美国的竞争被过度扩大。公司的管理人员之间不齐心协力解决共同面临的问题，害怕反垄断部门。对竞争的崇拜破坏了我们喜爱的电话服务系统，电话系统也许是体现质量的唯一表现。现在我们没有电话系统，没人对服务质量负责。

摘自“论统计员对质量的贡献”

宣读于东京的国际统计研究所会议

1987 年 9 月 8—11 日

THE ESSENTIAL DEMING

戴明最具争议的改善质量的观点可能是取消考绩制，他称之为“公司人员的毁灭者”。这篇文章讲述年终考评所带来的问题，以及改善领导方法的必要性。

考绩制：年终评估——公司人员的毁灭者

这篇文章的目的是阐述第三种弊病——考绩制，即管理人员的年度评估。美国许多公司都有考绩制，每位管理人员或研究人员每年都会收到他上级给予的评价。根据这个评价，员工按等级加薪，例如，从极优秀、优秀，一直到不满意。“管理恐惧”这个名称也许更适合这种制度。这种做法通过毁人成功摧垮了西方工业。年度评价的根本错误在于处罚那些对某系统做正常调整的员工。

业绩评价助长短期表现，抑制长期规划，增加恐惧，破坏团队合作，(而且) 滋长敌对情绪和公司政治。员工因此体会到的是：苦涩、被压垮、伤痕累累、身心俱碎、冷落凄清、心灰意冷、垂头丧气、自卑。知道评级后，有些人甚至患上忧郁症，几周不适合上班，他们不能理解自己为什么这么差。这是不公平的，因为他们之所以被归类于不同等级可能完全是工作体制造成的。

考绩制这个想法很有吸引力。这个词给人的想象是：得一分货付一分钱；付一分钱得一分货；激励员工为自己的利益努力做得最好。

结果可能与期望相反，每个人逼着自己前进，或努力前进，为了自己的利益，穿着自己的救生衣。这样的组织是失败的。

绩效评价奖励那些与该体制保持一致的人，但不会奖励试图改善该体制的人，不要兴风作浪。

同时，绩效评定对工作表现的预测毫无意义，除非某人的工作表现已将他置于该体制之外。

传统的评估制增加了员工工作表现的可变性。问题在于这个评估制度的内在精确性。实际发生的情况是这样：有人被评为中下，于是他观察那些被评为中上的员工，并试图效仿他们，其结果是损害了他的工作表现。

再谈领导力

优秀领导人要调查某人工作表现不稳定的可能原因。从好的方面看，要有合理依据预测那些工作表现不符合制度规定的人将来有可能表现出色：他值得认可。从坏的一面看，某人工作不符合制度规定的原因也许是永久性的；也有可能是暂时的。不能在工作中学习进步的人应该有一个永久性的原因。因此聘用他做这份工作的公司有道德义务将他安排在适当的工作岗位上。同样，担心自己健康或对某个家人牵肠挂肚的员工可能会有不良工作表现。在有的案例中，进行相关的咨询将有助于恢复人的信心和业绩。

某个模式重复出现怎么办？我们说的是，那些显著差异，甚至巨大差异可能完全是由于不变的体制原因造成的。

识别优秀业绩的一项有效标准是：在 7 年甚至更长时间里，不容置疑地表现出：每年在技术、知识、领导力等方面稳定提高。相反的标准，也就是说，在 7 年以上的时间内，持续地越来越差，这说明这些人需要帮助。

所有这一切也许只是一个设想，因为同样的一群人不可能在同一工作岗位上工作这么长的时间。但在某些情况下，期限可以压缩，生产工人自然属于这种情况。对于他们，会有有关每周生产产品件数的资料。连续 7 周或更长时间能可靠显示他们的相关表现。

“不可能都那么坏。”取消年终业绩评估被有些高管搁置，他们的理由是，“考绩制不可能都那么坏，就是这个制度让我做到了现在的这个职位。”这是一个陷阱，很容易掉进去。我合作过的每一个人职位都很高，都很了不起，值得与他们共事，与他们辩论。他们能坐到今天这个位置是因为在每次年度考评中都出类拔萃，以牺牲其他十几、二十个人的生活为代价。有比这更好的方式。

现代领导力原则

现代领导力原则将取代年度业绩评估。公司要做的第一步是进行领导力教育，然后取消年度业绩评估，领导力将取而代之。这是西方管理一直应该做而没有做的。

年度业绩评估悄悄进入，并大受欢迎，是因为它不要求任何人面对有关人的问题。注重结果，因此给他们定级更容易。西方工业需要的是改善结果的方法。建议如下：

1. 正规的领导力教育：义务、原则和方法。
2. 挑选人员时，一开始就要更加谨慎。
3. 选好人员之后，让他们接受更好的培训和教育。
4. 领导人不是法官，是同事，每天为员工提供咨询，带领他们，向他们学习，和他们一起进步。每个人都是团队的一员，共同为提高质量而努力。
5. 领导人需要发现他的员工：①谁超出一般水平表现出色；②谁表现不如大家；③谁业绩一般。如果需要用数字来衡量一个人的表现，计算方法应该简单易行。（有关质量统计管理方面的书介绍了计算方法。）给这个系统内的人定级（从优秀到不满意）违反了科学逻辑，作为一项政策而言，是毁灭性的。

   没有数字资料时，领导者必须做出主观判断。他和每位员工在一起的时间至少要有几小时，了解他们需要什么样的帮助。有时，一个人的出色表现需要有无可争议的证据来证明，如专利、发表的文章、演讲邀请函以及同行的认可。

   表现低于一般水平的人需要单独帮助。

   没有其他更令人满意的普遍认可，只是用金钱奖励那些表现杰出的人，结果可能起反作用。
6. 形成一个系统的某群人将服从于公司的加薪方式，这个方式也许涉及，比如，在公司的资历。这不取决于群体内的级别，因为系统内的人不会被定级为：第一、第二、最后一名。（困难的时候，谁也加不了工资。）

7. 与每位员工长时间交谈，3~4 小时，每年至少一次，不是为了批评员工，而是为了帮助，并更好地了解每一个人。
8. 有关员工表现的数字不应被用于给系统内的成员定级，而应利用这些数字协助领导人完成系统的改善。这些数字也许能给他指出他自己的弱点（迈克尔·多兰，哥伦比亚大学，1986 年 3 月）。

改善系统对每一个人都有益，将减少使用数字衡量员工的表现。

会有那么一天，任何因错误使用业绩数字而被剥夺加薪或任何特权的人可以通过司法程序为自己申冤。

考绩制：年终评估——公司人员的毁灭者

1986 年

THE ESSENTIAL DEMING

戴明认为，垄断组织有最好的机会为全世界提供最大服务。在本文中，戴明谈了垄断、美国的反垄断部门。他还举了几个例子说明公司分解之后，提供的服务质量变差，并建议垄断机构和美国反垄断部门所能扮演的更好角色。

有关竞争和垄断的神话

让我们从两个世界思考问题。在一个世界中，某公司或某些公司群体的目标是想让生意长期做下去，并为他们自己、他们的股东、顾客、供应商，以及他们的社会提供最大利益。换句话说，公司是系统中的一个组成部分。

在这个世界里，如果某一个垄断组织、两个或两个以上的公司或机构能统治某个市场，我们中的任意两人或六个人也将能统治市场。如果我们能够群策群力，统一价格，但所定价格高于从长远来看将优化整个系统的价格，这样做，即使只高出一分钱，也是非常愚蠢的行为，只会把生意赶跑。为了我们自己的利益，价格应该尽量定得低一些。我们应该明白，顾客、供应商、员工、环境、社区或群体，所有这些人都是系统中的一部分，发挥各自的作用。如果他们所定的价格高于能优化整个系统的价格，哪怕只是多一分钱，他们能骗取的只有自己的长远利益。

反垄断部门的职能应该是教育，解释从垄断和卡特尔获取最大利益的这一原则。这远比他们花时间搜索想象中的违规者好得多得多。他们会学习进步吗？我们能学习进步吗？我们当然可以，说我们学不会，那是胡说八道。可以肯定的是，这与以前教给我们的知识不同，我们被出卖了。当然，应该就价格问题举办公开听证会，生产者和消费者共同定价，互相交换数字和意见，任何顾客都有审议和抗议某建议价格的特权。

在第二个世界中，公司的目标是短期利益，将价格定得非常高，高得让我们的消费者买过之后一去不回头。赚了大钱，然后关门停业。反垄断部门在此的一个有益职能依然是教育。另外，还要保护社会。我们学不会吗？当然能学会。

垄断组织有最好的机会为世界提供最好的服务，这是它肩负的沉重义务，必须这么做。当然，提供最好的服务需要开明教育。垄断组织为我们的福利做出的贡献是巨大的，我们只要想一想贝尔电话实验室的贡献就能明白。贝尔是一个垄断组织，不对任何人负责。昨天，我从他们公司大楼前过了两次；该大楼坐落在纽约市罗西街463号。只是一栋楼，一座不动产，依然在使用。我相信，经过那里的人，没人知道那里生产什么。一个垄断组织，不对任何其他人，只对自己负责，美国电话电报公司（AT&T）和美国西电公司各持50%的股份。一个垄断组织，如果贝尔电话实验室没有一如既往，这个世界会是什么样？我们大家可以写下一长串它所做的贡献。哈罗德·道奇的有关检验方法。沃特·休哈特给予世界的不只是控制图。威廉·肖克利和其他人给我们发明了晶体管，人们用它做出了集成电路。要不是有贝尔电话实验室这个垄断机构，现在我们不会在这里。

美国的每一个人都是反垄断部门的无辜牺牲品。想想我们曾经拥有的电话系统，直到1984年，它也是一个垄断组织。过去，我们的电话系统让全世界妒忌。现在我们有什么？我认为，几年前，将美国电话电报公司和美国西联公司分开，是反垄断部门的另一个错误。这两个公司大概合并于1902年或1903年。1946年，当我在纽约大学开始教学生涯时，百老汇街195号的那块石头上还可以读到这段文字："美国电话电报公司和西联公司。"那时，石头还没有换，两家公司一起垄断通信业。现在我们有理由得出结论：这是一项错误的决定，但那个时候也许是最好的出路。

反垄断部门对麻省理工、耶鲁、哥伦比亚、哈佛等大学提起了诉讼，告他们联合为学生提供经济援助。想想这些大学试图给学生们带来的经济利益。麻省理工的校长可能要进监狱，跟他一起进监狱的可能还有耶鲁大学的校长。我们正在努力提供服务，应该鼓励他们联合。他们合作可能带来多大利益？想想这个简单的问题，况且，学生们知道可以期待什么，而不是四处观望。每个人都会是赢家。这个国家的人能学习进步吗？我们能从错误中吸取教训吗？这是一个严肃的问题。无论我们学得会，还是学不会，我们的生活都取决于它。

成为垄断组织不等于万事大吉，垄断机构必须有目标，并作为系统管理。系统的各组成部分不会自己运作。垄断的一个实例是戴比尔斯财团，已经经营了一个多世纪，统治着钻石供应和钻石的价格。他们有金伯利矿山，始终如一地保持钻石低价，并找出越来越多的方法使用钻石。如果努力做好的话，欧共体将可能成为另一个合作的典范。

1960 年，美国的三个汽车公司合作，实际上，它们是一个垄断组织。三个公司的高管们开始担心他们的市场份额。这是我们的蛋糕，我们的蛋糕这么大，怎样才能让这块蛋糕变大？担心市场份额。三家公司都担心自己的市场份额，怎样才能更好？他们担心自己的市场份额时，几百万的家庭需要更小、更轻、更信得过、更经济的小汽车。当三家公司彼此顾虑时，几百万人需要购买汽车。这些汽车公司却坐视不管、袖手旁观，只一味地担心自己的市场份额，而不是开拓市场。他们应该做的是一起坐下来，共同探讨如何扩大市场。日本人来了，他们成功占领了市场。于是，美国人大喊大叫。美国邮政服务不是垄断机构，我们的邮政服务是全世界最糟糕的。不能怪邮递人员，没有议会批准，他们不能做任何一件事。有什么会比这更糟糕吗？

虽然美国公立学校不是这个系统的一部分，但学校采取优化措施时，受到下列各方的阻力：市里的学监、郡里的学监、校董事会、学区董事会、地方政府、郡政府、州教育董事会、联邦政府，外加上根据学生的标准化考试做出的评估、学区与学区之间的攀比、州与州之间的攀比等。每个人都在疑惑：我们的教育怎么了？我们现在这个样子是自食其果，是自找的，罪有应得。教育比人们所想的更糟糕。这个国家发明了规模生产，给全世界提供了大量的产品。通过弗雷德里克·泰勒和亨利·福特的努力，美国为世界提供了大量的规模产品。这样的光景已过眼云烟，高产出的规模生产已经搬到了墨西哥、韩国和其他地方。将来，我们只能靠大脑谋生。但我们现有的教育体制不支持智力培养，生产不出那样的大脑来。在我们现在的体制中，怎么可能培养出那样的大脑呢？我们比自己想象的更穷。

摘自通用汽车公司的一次演讲

1992 年 7 月

THE ESSENTIAL DEMING

戴明认为，质量和生产率必须来自管理，在全公司实行之后，品管圈才能发挥效应，才能在公认的管理模式下自然改进。在这篇文章中，他说，如果公司一开始就试图通过品管圈提高质量和生产率，将会迟延结果的发生。

生产率、管理和品管圈

(摘要)

提高质量和生产率、捕捉市场、保持营业等方面的大部分责任在于管理。比较一下过去 32 年日本和美国生产率的增长情况就一目了然了。1950 年，日本和美国的地位悬殊，美国在原材料、石油、钢铁、木材、矿石、煤等各方面都占优势，外加品质优良的声誉，全世界都需要美国的产品。但日本，除了优质管理教育课以外，没有任何资源。现在，日本产品已经接管了许多产品的市场。显然，优质管理胜出。

工厂工人对提高产品质量和生产率所做的贡献是有限的，可能只有优秀管理人员所能做贡献的 1/5 或 1/7。这很小的一部分贡献只能作为品管圈（品质管理小组）对质量和生产率所做贡献的补充。

另外，除非管理层准备好了按照品管圈的建议实施管理，否则，品管圈发挥的作用非常小。事实是，在美国，管理层并没有做好准备。

质量和生产率始于管理，像戴明 1950 年教育日本的管理层那样，要在全公司范围、全国范围内实施。品管圈是提高产品质量和生产率要走的最后一步，而不是第一步，初次尝试品管圈的公司，需要历经数年才能看到在质量和生产率方面的实质性提高。

因此，第一步是优秀管理。当优秀管理已经深入人心时，品管圈自然会紧随其后。

韩国首尔国际品管圈大会开幕式演讲摘要

1982 年 11 月

第二章

质量产生于董事会会议室

只有高层管理才能做出确保质量的决定

THE ESSENTIAL DEMING

每一年，几十万工人因大量下岗、公司倒闭而无所事事，有些公司是因为资金管理不善，有些公司是因为不知道怎么继续经营。因管理不善而导致工人失业的比例不得而知。我并不认为很多人失业是因为他们没有做好自己的工作。

戴明常说质量出自董事会会议室，重要决定都是从那里做出的。所有工人能做的只是遵从给他们下达的指令，他们不能改变决定、设计或体制，只能做自己分内的工作。

这一章讲述了两个需要变革的原因，之后是写给某大制造商总裁的一封信，有具体的建议。本章绝大部分内容摘自戴明 1992 年举办研讨班的内容。

1990 年，在丹伯里西康涅狄格州立大学的演讲中，戴明说："不论什么时候说什么事儿，人们都会给出 10 个理由说明为什么行不通。我想听到的是你能做成这件事的 1 个理由。"

必须做什么

西方工业要继续生存就必须提高质量。从 1920 年到第二次世界大战结束后的 20 年，美国工业统治世界，现在处于休眠状态。

第二次世界大战结束后，世界其他地区的人排队等候购买北美能够生产的任何产品。为什么？因为其他工业世界一片废墟。每一个美国人都希望这样的好时代继续存在，发生了什么？为什么？

答案是大部分美国产品的质量是人们所需要的，没有竞争对手。现在美国所强调的是数量而不是质量。就像任何人都能预料到的那样，美元兑日元贬值的结果令人失望。降低美元与日元的汇率不能给没人要买的产品创造市场，很简单，美国大部分产品无论以什么价格都卖不出去。美元贬值不是改善生意的解决办法，提高质量才是，与 1960 年之前的情形相比，我们现在所处的地位截然不同。

我们必须做什么？回答是：改善国际贸易产品的质量，而不是限制贸易，不要顾影自怜，也不要伸手乞讨。美国已经比其他国家设置的贸易限制都多，仅次于法国。降低成本、提高生产率，因为只有改善对设计、工程、测试的管理，并改进生产过程，才能提高质量。价廉物美才有机会抓住市场，降低成本而不改善质量徒劳无益。

质量和革新。通过以下三种方式提高质量：产品或服务的设计革新、工序革新、改进现有工序。（在以后的著作中，戴明增加了第四种方式：改进现有产品和服务。）勤劳不能确保质量，尽最大努力不能确保质量，使用仪表、计算机或投资购买机械设备也不行。提高质量必不可少的条件是利用渊博的知识。我们有丰富的知识，必须学会如何使用。

管理方式。错误的管理方式，以及与之相伴的不良措施在西方世界已经茁壮成长，且根深蒂固。减少产品差异能改进产品质量，在这一理论的指导下，错误管理方式和不良举措变得一目了然。差异化理论（统计学理论）有助于识别导致产品差异、成本高、质量差并最终失去市场的不良管理措施。这一理论同样也可以引导人们采取更好的管理措施。

多年来，我观察到了一些适当的管理举措，这里我将列举一些错误的管理措施。

错误的管理方式

★ 失败的管理（太迟了）。最好是解决导致失败的原因，失败不是原因；失败是由其他原因造成的。

★ 用一个稳定的系统干预。比如，从出问题的产品或服务顺藤摸瓜。这项政策不能改善系统，只是干预，使问题变得更严重。

★ 列举上个月没问题或有问题的产品或服务的比例，或者制成图表。

★ 年度的业绩评估，即所谓的考绩制——实际上是毁灭公司的员工。

★ 各部门的年度评估。（根据这个评估的结果，嘉奖该部门的经理。）

★ 降低成本的竞赛——好像成本是导致问题的原因。

★ 奖励津贴、佣金和红利。

★ 高层管理不明白自己对质量、产品和工序的革新，以及改善工序所应该承担的责任。质量始于董事会会议室。

★ 短期规划和快钱。

★ 频繁买卖股票赚钱。

★ 没有合作的竞争。拿一块大的蛋糕，而不是把蛋糕做大。

★ 根据价格做生意。

★ 短期合同。

★ 根据目标管理法（MBO）或数字管理。

★ 在没有渊博的知识的指导下，投资购买仪表、计算机、自动化设备和新机器。

★ 给工人们制作海报和口号。

★ 工作标准——配额。配额使生产成本翻倍，剥夺工人的工作自豪感，阻碍公司的改善。

摘自“需要变革”

《质量与参与》杂志

1987 年 3 月

需要变革

我们处于什么位置？对这个问题的回答是：美好经济时代已经不复存在，问题在于质量。在当前体制下改善未来的可能性很小。当前体制的经营理念是赢输经济：**我赢，你输；只有你输，我才能赢**。神圣的**赢输经济法则**已经枯竭。

我们需要转型到一种每个人都能得到好结果的新型经济：**合作、双赢**。这种经济有不平等，有的人赢得多些，有的人赢得少些，但每个人都有所得。例如：举世公认的交通灯的颜色、从格林尼治标准时间开始划分的时区制度以及公制计量。所有这些利益都是**合作、双赢**的结果。同样的例子很多，但新经济还没有成为北美的生活方式。

转型的核心是什么？核心是释放内在动力。怎么做？创造工作的快乐感、自豪感、幸福感，以及学习的快乐感和自豪感。需要做以下两个变化：

1. 改变奖励制度。在滋生赢输哲学的体制下和争夺第一的比赛中，每个人都是输家。我们必须取消考绩制和奖励制，因为这些制度抑制内在动机。我们必须发展领导力并培养参与感。
2. 培养有以下特征的领导人：能帮助其他人，知道如何将团队工作纳入公司的目标，注重内部客户和外部客户，能了解差异并使用统计计算决定工作表现不稳定的人是否需要特殊帮助。

管理者的新职责是完成所需变革，但人们害怕变革，他们问："变革会把我带到哪里去？"当每个人在变革中承担一部分角色时，对变革的恐惧将消失，这有助于同舟共济。

管理层不能只改变奖励制度，也必须承担向新经济转型的责任。

有 4 种质量趋势和 4 种改善质量与服务的方式：

1. 产品和服务革新；
2. 工序革新；
3. 改善现有产品和服务；
4. 改进现有工序。

常见错误是以为只要做到第四点（改进现有工序）就能确保质量，工厂、银行、宾馆完美无瑕的运作能确保质量。良好运作是必需的，但不能确保质量，质量产生于董事会的会议室。

上周倒闭的银行的日常运作可能非常好——出纳窗口速度快，几乎没有错误；银行报表几乎没有错误；同样，利息的计算以及罚金、贷款利息的计算也没有任何问题。导致失败的原因是不良管理，而不是操作。

下面是一种错误的管理思考方式："我们工厂的员工应该对他们自己

生产的产品和产品质量负责，我们期望他们能像工厂的主人一样工作。”

赢输是错误理念，作为商业决策通常只会抑制竞争。虽然这曾经是一个有效策略，但你输我才能赢的管理原则已黔驴技穷。我们熟知的市场扩张时代已经结束，如果我们不改革，这样的时代将不会重现。我们必须学习如何在现在所处的世界中生活和工作。

西方的商业幸存者们依靠的是向合作、双赢的新经济转型。一旦完成转型，西方工业将向前迈进，提高。

摘自“需要变革”

全面质量管理世界

得克萨斯仪器半导体集团

1989年2月

THE ESSENTIAL DEMING

这篇写给某大制造商总裁的备忘录中，戴明准备了他们在下次会议中需要考虑的讨论议程。

下次会议的讨论建议：

1. 全世界都知道福特在质量方面的成功，这给予世界的巨大经验是，你本人领导了体制改善。我对福特最美好的愿望是，希望它在各方面都成为他人效仿的楷模。
2. 这个备忘录所关心的是永无止境地、持续不断地提高质量。生产率也很重要，但在追求各方面质量取得成功之后，生产率自然而然也会随之提高。

   从1950年7月起，每次在日本高管的会议上，我都会把这个连锁反应写在黑板上。

提高质量→成本下降（因为返工少、错误少、延误少、阻碍少，机器时间和材料的利用率更好）→生产率提高→以更好的质量和更低的价格捕捉市场，维持营业→提供就业，更多就业机会。

3. 质量不能被委派，设有质量经理的公司，无论以什么名称命名，都将身陷泥潭。

错误方式：

质量办公室，无论怎么称呼。例如，主管质量的副总裁。

质量经理。

质量管理部经理。

一定要注意，统计方法办公室不是质量办公室，也不是确保质量的办公室。

4. 降低成本，减少浪费。这听起来像是不错的管理方式。哪儿错了？任何人都能削减成本，但有可能使其他部门的损失翻几倍。例如购买便宜的原材料、减少维护、使用更便宜的聚合物、更便宜的插件、删除某项操作、取消渊博的知识的指导。结果（我可以举一个例子）：销售量下降。消费者觉察到了区别。降低工程或项目的成本使管理质量下降，走到尽头时就太迟了，不要以为成本是问题的原因。缺陷产品的管理、干预、修修补补等都会在总体上提高成本。

管理人员可以采取的更好办法是在成本和浪费的原因上下功夫，在源头上下功夫。这意味着设计、设备的保养和维护、材料、工序、人员医疗和保障、人员培训和教育的提升。在这些努力取得成功之后，成本将随之下降，生产率提高。

5. 勤奋工作不能确保质量，尽最大努力也不能确保质量。经验、高尚的目的、一厢情愿的想法都不能确保质量。

公司总裁将质量委派给工厂厂长负责。工厂厂长有自己的责任，不可能知道质量是什么，即使知道也不能采取任何措施。在没有任何渊博的知识的帮助和指导下，他唯一能做的事情是使产品符合产品规格、实现零缺陷，这样做是徒劳无益的。

符合产品规格不是质量。当然，没有人会故意违反产品规格，但符合产品规格不能确保质量，零缺陷也不是质量，质量比零缺陷复杂得多。

评估部门领导人的标准是是否符合产品规格，而不是依据改善管理，被这样评估的人有多少？还有什么比这更糟糕的吗？

6. 投资仪表、高技术、自动化、新机械等，这些措施本身不是解决问题的办法。开支必须在渊博的知识的指导下进行。单独用钱买不来质量。

实际上，有人推荐新设备时，如果能仔细运用知识去研究，有时会发现这些新投资没有必要。无论在什么情况下，如果先学会怎么使用现有的机械和技术，结果会更好。

7. 承诺根据生产率的提高而增加工资犯了对象错误，刺激性工资制度毁掉了美国的钢铁工业。它也可能毁掉任何公司，就像我们前面所提到的那样，伴随全方面质量的提高，生产率将自然而然地随之提高。

还有其他问题，比如工作规定。

8. 工厂的业绩需要管理者的帮助。工厂业绩受制于环境——产品设计、设备、设备维护、工序、操作过程、进厂原材料的缺陷、培训、教育等，生产车间里的工作人员无法突破这重重障碍。

车间的工作人员（包括管理人员）只要求一个能有尊严工作的机会。多少人享受到了这种特权？2%？提高生产的条件有：

改善设计的质量；

提高进厂材料的质量；

降低进厂材料的差异；

改善机器、设备的保养和维护（减少停机时间、突发事故和调整次数）；

改进工序；

以专业的方式关注测量系统（显示统计控制的测量仪表和仪器占多大比例？有人说1/30）。

给予工作人员更好的医疗和保障；

对人员进行培训、再培训、教育。

9. 尽管改善操作很重要，但它对质量产生的效果非常有限，对革新和新产品的作用更小。质量受制于高层管理的目的、指示和领导力。

我要举的一个例子是芝加哥伊利诺伊大陆银行。它是美国的第七大银行，它的存亡对这个国家至关重要。发生了什么事？

它平稳地航行了几年，风平浪静。后来，这家银行驶入了浅滩，一个遍布岩石的海湾，飓风骤起。银行遇到了麻烦。

问题是因为操作不当引起的吗？是出纳窗口的职员工作懒散和错误造成的吗？是银行报表的错误吗？利息计算错误或贷款罚金的计算错误？都不是。即使银行的一切运作毫无瑕疵，还是会有同样的问题发生。实际上，银行的运作非常好。问题来自管理。

10. 需要对人员进行投资，改善工作人员素质。保障设备投资肯定重要，但保障人员的投资更重要。很高兴看到你在创办教育和培训中心，它的目的是提高全公司人员对事物理解的一致性和努力方向的一致性。人们彼此意见不一，每个人都试图理解新理念，但有时目的截然不同。该中心将帮助各方达成共识和一致，但依然要保持创造性。

理解一致在高层管理人员中尤其重要。

11. 例如，在统计思维中有个教育问题，这是统计方法办公室的主要功能。这个问题太大，一个备忘录中解释不清，下面有几个小要点。

对于高层管理人员，应该将金融、法律、人事、教育纳入新的管理哲学。我的建议是：参加我的为期 4 天的研讨班。另一种方案是：分 10 次进行的研讨活动，每次 2 小时，由同一个老师指导：每次时间间隔为 1 周或 2 周。最好是 8 个半天，每次间隔 1~2 周。每个月进行一次继续教育。

对于中层管理人员，与上面一样，并以你自己公司的例子做补充。每个月进行一次继续教育，由线上人员提供，即统计方法办公室的人员以及其他人。

对于科研人员、开发人员、工程师，建议参加我为期 4 天的研讨班，并参加继续教育。

对于监管人员，要求的学习时间是 20 小时，并提供后续教育，更新知识。

作为上面几段话的后续部分，我要补充的是，我和你的一些高层已经愉快合作很长时间了，大部分知识已经学过。我建议，想个办法保持定期联系。

摘自写给唐纳德·彼得森的备忘录

福特汽车公司董事会主席兼首席执行官

1987 年 9 月 22 日

现有措施和更好的措施

在我的一次为期 4 天的研讨班中，一名男学员站起来。“危机在哪里？”他来自航空工业，问道，“我们和我们的竞争对手拥有全世界 70% 的业务。危机在哪里？”我回答道：“你们处于强势地位，有改善本行业的最有利条件，你们有最大义务改善这个行业。”

消费者的期望

人们谈到消费者的期望。他们所说的消费者期望指的是指什么？在我看来，消费者没有期望。消费者不会生产任何东西，他们只拥有你和你的竞争者引导他想要拥有的东西。

> 没有消费者要求生产电灯。我们有煤气罩灯，这种灯很好。哪里会需要电灯？
>
> 没有消费者要照相设备；没有消费者要电报或电话；没有消费者要汽车；没有消费者要充气轮胎；没有消费者要传真机。

所有这些产品的想法都出自制造者，而不是消费者。制造者要处处为消费者留心。没有消费者，他就当不成制造者，是消费者让他得以生存，他们给他生活的目的。制造者必须思考：“什么东西能够帮助消费者？他愿意买什么？”再次重申：消费者只拥有你和你的竞争对手引导他想拥有的东西。那些是他们所期望的东西，是你教他使用的东西。

消费者学习速度很快，接受过教育的消费者确切地知道自己需要什么，希望买什么，或许他还能把这些需求具体化，让供应商能理解他的需求。但是，明智的消费者也会听取供应商的意见。换句话说，他们是合作的一个团队。

消费者满意是不是就够了？当然，你不想让消费者不满意，但消费者满意就行了吗？有忠实的消费者是不是就足够了？那种排队等着购物的回头客行不行？这些都不够。

生产化油器的那些厂家现在去哪里了？他们都消失了。也许摩托车上还要用化油器，我不能查证。25 年前，汽车使用化油器，现在不用怎么还能开？汽车再也不用化油器了，即使重型卡车也不用。怎么啦？喷油器问世了。虽然成本比化油器高，但功能比化油器多。大约一年左右的时间，生产化油器的厂家停业了，他们一天之内生意兴隆，一年以后关门停业。

他们从事的生意是制造化油器，这是他们失败的原因。他们做化油器做得非常好：一直不断改进化油器的质量，成本一降再降，消费者满意。这个世界还能要求什么？可是现在，他们都不存在了。你们明白，问题在于化油器生产商从事的业务是生产化油器，我们没有思考未来。从现在起，5 年后我们应该生产什么？10 年后我们生产什么？

我们现在经营的业务必须包括未来的业务

今后的 5 年我们应该生产什么？10 年后，我们生产什么？仅做好现在的工作还不够。那些制造化油器的厂家应该想到将燃油和空气的混合物放进燃烧室。怎么做才是最好的处理方式？他们没有这么考虑，他们只根据化油器思考问题。于是，他们倒闭了。生产真空管的厂家现在在哪里？他们也消失了。他们没有向前看，集成电路和收音机问世了。

对于任何一个从事商业活动的人，都可以问一个好问题："我们在做什么？"做好我们现在所做的事情，生产优质产品，提供优质服务等。是的，当然要这么做，但这么做还不够。让我们继续问一个问题："什么产品或服务能让消费者得到更多的帮助？”必须思考未来。一切都完美无瑕的操作能保证你生意一直做下去吗？还需要其他条件。

工厂为什么关闭了？是工艺低劣吗？是效率低下造成的吗？不是，不是，这些都不是原因。很有可能是因为这个产品没有足够的市场需求，工厂不再有利可图。换句话说，生产了错误的产品，没有其他产品取而代之，除了关闭工厂，还能做什么？

银行为什么倒闭？听说过倒闭的银行吗？为什么？是出纳窗口的错误造成银行倒闭吗？是出纳员工作懒散导致的吗？是银行报表的错误造成的吗？是贷款利息的计算错误引起的吗？胡说八道。即使所有这些操作毫无瑕疵，银行可能照样倒闭。不良贷款，这才是银行倒闭的原因。质量问题出在哪里？在会议室，高管们的会议室。这里是决定质量的地方。就业机会取决于管理人对设计能吸引消费者的产品和服务的远见，以及开拓市场的远见。能走在消费者前面，引导消费者。

流程图

现在说说流程图的优势和必要性。你可以画一张你的工作流程图，这是第一步。看看你的工作是什么。比如说，我举一个服务业的例子——孟菲斯圣心联盟。他们的一个目标是为密西西比州孟菲斯周边四个郡的贫困儿童提供医疗保障和食品。这需要钱，没钱就没办法给那些孩子们提供医疗保障和食品。从哪儿得到钱？圣心联盟的人向邮件联系人名单上列出的人求助。

首先（即零阶段），某个人的大脑里有这个想法。最重要的阶段（零阶段）是产生想法。通过邮寄方式，将某个信息传递给公众。也许你会说，邮寄不是向公众传达的唯一方式。是，你说得对。这次，我们用邮寄的方式。信息的内容是解释你们所做努力的目的，并请求捐赠。目的是给密西西比州孟菲斯附近的四个郡的贫困儿童提供医疗保障和食品。

第一阶段：将那些想法写在纸上，一句一句地写。

第二阶段：打印在纸上，尽量只用一张纸，两张纸也可以。

第三阶段：用机器将这些打印好的纸折叠好，放进信封，在信封上写上地址。将这些信送到邮局，邮递员把信投递出去。至少会有一些人寄钱来。圣心联盟收到了钱。回信确认，并表示感谢。用钱购买食品和药品。

如果目的是为了得到钱，你怎样衡量你的这些操作过程的质量？嗯，也许你要说，根据收到钱的多少来判断。这个事例是可以这样做，但我们应该明白，大部分得与失无法衡量。这个例子可以衡量，可以根据收到的捐款数量判断上述操作步骤的质量。什么是决定捐款数量的主要因素？

信息，打印在纸上的信息，信息决定了这项工作的质量，决定了入账捐款的数量。那是谁的责任？折纸的那些人吗？别傻了。邮局吗？不要这么蠢。谁应该为这个信息负责？鲍勃神父。这是他的责任，不要责怪任何其他人。那是他的工作，信息是决定因素，其他一切都能做到完美无瑕。

还有另外一个衡量标准可能你会感兴趣，那就是联盟怎么花那些钱。他们找到最贫困的孩子了吗？他们是否以最好的方式用他们得到的有限资金给孩子们提供医疗保障？那是另外一个衡量质量的标准。但你不可能衡量，没办法衡量。

最重要的损失不可能被衡量。

重大损失

现在的管理模式产生很大浪费，造成巨大损失，程度无法估计，必须要管理这些损失。让我们先查找造成损失的最重要的原因——浪费。然后，建议改进的措施。不必要的纸质文件是一项严重浪费，你的工作中是否有任何不必要的纸质文件？

早在 40 年前，一个名叫斯图尔特·赖斯的博士注意到，可以从行业报告轻松入手，查找不必要的因纸质文件而产生的浪费，但是从没有人听说某项报告被取消了。报告是不必要的纸质文件，严重浪费。许多报告都是因为管理者们以为需要这些文件而打印的。报告是根治错误重复发生、错误审计或更多检查的办法吗？1990 年 7 月 7 日写给伦敦《泰晤士报》的一封信显示，美国医院 23%的经营损失来自纸质文件，而英国只有 5%。你更愿意住哪家医院？当然，哪家医院你都不愿意去。

让这个季度的业绩看起来好一些。美国联邦贸易委员会和证券交易委员会要求的季度报告对这个错误做法更是火上浇油。

用什么方法？你能计算短期思考方式造成的损失吗？不行，当然不可以。但这是我们必须管理的一件事。你能计算邮寄手上任何东西所导致的损失吗？是不是想让这个月的业绩看起来好一些，让这个季度的业绩看起来好一些？将维修推迟到下一个季度吗？将定购推迟到下一个季度吗？你能计算这些措施产生的后果吗？不能，但这些是我们必须管理的损失，短期解决办法将造成长期恶果。

任何两个人之间总有不同点。问题是这些不同之处意味着什么？或许没有任何意义，需要用统计学理论回答这些问题。还有个皮格马利翁效应。一旦某人业绩评估高，他的得分永远高；如果某人的业绩评估不好，他将永远是差评。评估造成人与人之间、销售员与销售员之间、团队与团队之间、部门与部门之间的竞争。竞争让人气馁，评估源于对差异的错误理解。

个人业绩不能被衡量，除非是建立在长期考察的基础上，我的意思是15年、18年或20年。销售头牌们是否正在给公司带来严重损失？他们给公司造成的伤害是否比任何其他人都多？原因之一可能是过度销售。例如，卖给客户一台大于他实际需要的复印机，销售员拿到了更多佣金，销售额增加。顾客抱怨，因为销售员骗了他，卖给他一台大于他实际需要的复印机，这名顾客把他的不满告诉了他的朋友，公司最终将遭受损失。销售员也可能卖给消费者一台很小的机器，依据的理论是：卖出去总比什么也卖不出去好。消费者及时发现他买的这台机器太小了，于是他不高兴了，抱怨，并把他的不满告诉他的朋友。所有这些对公司的不满，你都要承受。损失是多少？没人知道，无法计算这种类型的损失，但是，我们必须管理这些损失。

干预式管理

根据结果管理。对于任何过失、错误、缺陷、抱怨、迟延、事故、设备瘫痪等问题立刻采取行动。立刻采取行动，做点儿什么，根据最后的数据点采取行动。错！虽然很有诱惑力，但大错特错。我们要做的事情是在产生过失、缺陷和抱怨的过程上下功夫。当然，一定要处理好顾客的抱怨，不计成本地解决好，当然要照顾好消费者。是什么出了问题？根据目标管理得不到好结果；以这种方式管理会使结果变得更糟。从原因上入手，而不是在结果上下功夫，这种管理方式叫干预式管理。

在目标管理的个案中，最好要了解和改善系统。

案例1：每天上午8点，高级经理问工厂厂长："昨天的生产怎么样？"可以肯定的一件事情是：昨天的产量要么比前天的产量高，要么比前天的产量低。那又怎么样？这种方法得不到正确的结果，这样的信息毫无意义。我们当然需要数据，并使用这些数据，但昨天的产量和前天的产量之比不能告诉你任何事情。

案例2：工人培训工人。最好的办法是将培训工作委托给某个人，最好是既了解这项工作，又懂得教学的人。没错，做这份工作的人比任何其他人都更了解这项工作，而工人培训工人的方式就像是把我们带进了银河系。我们这里所说的是技能，而不是教育、自我提高、学习。

谨慎使用数字。有些公司采取不良商业措施，但经营很好，或许你能列举一长串这样的公司名字，这只是他们运气好而已。尽管这些公司管理不善，可是产品有市场，而且有优秀的工程师；尽管措施不当，可是生产的产品非常好。

相反，你也可以列出一些正在努力改善的公司名单。他们多次参加过我的研讨班，已经学习了相关知识，正在努力改善公司的管理，正在废除一些错误做法，但依然不见成效。

如果某一产品或服务没有达到要求，常识告诉我们，要立即采取行动，做点儿什么，现在就做。做什么呢？行动只会造成更多错误。重要的是在产生错误的过程上下功夫，而不是传递错误的人。常识告诉我们，要奖励月销售冠军——销售量最大的那个人。这样做，实际上在给公司带来巨大损害。

一家家具商店取消了销售员的佣金制，按月给他们发工资。结果是：销售量上升、上升、上升，每个月的销售业绩都比上一个月好。年长的销售员帮助年轻的销售员，大家一起合作。在佣金制度下，没有哪个销售员会帮助另一个销售员，他怎么可能帮助其他人呢？别犯傻了。现在，销售员们开始去仓库，试图和仓库的人一起合作。消除划痕和裂缝，确保顾客买到他需要的产品。顾客买的家具是否适合放在他家？他是否买对了产品？销售量上升。现在销售员为顾客工作，公司盈利，每个人都盈利。

数字目标

数字目标是毫无根据得出的一个数字，如果不改变系统，超出控制限度的数字目标不可能实现。数字目标做不成任何事，重要的是采用什么方法。如果不通过一种方法，你能完成一个目标，你为什么去年完不成？唯一可能的答案是：去年你在磨磨蹭蹭。数字目标可以实现吗？可以，我们几乎能让任何事情发生，但代价呢？损失呢？通过歪曲和作假、重新定义、用尽一切成本，几乎任何人可以得到任何东西。

案例 1：某日用品店经理容许有 1%的损耗率，他需要这个。怎么做呢？嗯，有办法。货车进了商店的后院，从商店调两个收银员过来，让他们到商店后院数箱子，核对箱子上的标签与箱子里的货是否一致，箱子里的货是否与发票相符。确保不会为没收到的货买单。发生了什么事？由于两个收银员不在岗，前面商店的收款台排起了长队，顾客抱怨，他们发誓再也不回这家商店买东西，因为要排长队结账。

商店经理可能因为某水果和蔬菜销路不畅而停止进货，一天结束时有些东西会坏，于是他不上这些货，有顾客进来想买这样的东西，得到的答复是："我们今天没货。"顾客不满，声明下次去其他店买，他不再来这个店。

经理可以将肥肉全部买下，肥肉便宜。现在，肉有 1%的损耗率。有些消费者注意到了，于是，他们去其他地方买肉。商店经理有 55 种其他方式满足那 1%的损耗率，每种方法都让他失去顾客，但他赚到了1%损耗率的利益。他这么做实在是太聪明了，你能责怪他吗？你能因为他履行职责而责怪他吗？那是他的工作。

数字目标最糟糕的例子出自我们自己的教育部，追求数字目标。1991年4月18日，这是数字目标。没有方法，没有建议任何方法，只是毫无根据地从天上摘取了一些数字目标，如此荒唐。想想教育部制订的那些数字目标带来了多少危害，不知情、单纯的人看到这些目标，不明白哪里错了，造成的损害无法衡量。高中的毕业率将上升至90%，为什么停留在90%？如果有方法，为什么不能使毕业率上升为95%、98%？

每所学校都没有毒品。我们应该有这样的希望，但方法在哪里？

我们认为，人们期望美国学校在学生的学习中能有杰出的收益。操作标准。还有什么比这更糟糕的吗？那些进步显著的学校应该得到奖励。它们得到了吗？将会发生什么？

摘自1992年为CEO们举办的研讨班上的发言，
“质量、生产率和竞争地位”

知识系统

渊博的知识结构包括四个部分，它们彼此关联，而不是各自独立：

1. 重视系统的稳定。
2. 有关差异的理论。
3. 知识理论——至关重要。
4. 心理学。

要理解和应用渊博的知识，不必每个部分都精通。14点管理原则，我写的《转危为安》这本书的第二章中有论述。在工业、教育和政府部门中自然应用知识系统，从当前西方管理模式过渡到优化模式之一。渊博的知识体系的各个部分相互影响，因此，没有差异知识的心理学知识是不完整的。人员的管理者们需要明白，所有的人都是不同的，不要给他们排序定级，要考虑他们的差异：家庭背景、教育程度、特殊能力，以及他们的希望。

一、系统

我们知道，系统必须要有目标，没有目标就没有系统，必须让每个人明明白白地知道该系统的目标。比如，学校系统包括公立学校、私立学校、教区学校、贸易学校、大学。学校不应该只是学生、教师、校董事会、监事会和父母，应该是一个教育系统。在这个系统中，学生们（从蹒跚学步的幼儿开始）享受学习的快乐，他们不用担心成绩，不用担心是否能得到金色的星星。在这个系统中，老师享受教学的快乐，不用害怕评级。这系统应该承认学生之间存在差异。的确，每个学生都是不同的，不要给他们排名，教师之间也存在差异。如果学校的某个集团为了他们自己的特殊利益而游说，这样的系统就会被摧毁。系统的各个组成部分不必明确定义，人们只要做他们各自需要做的事情。因此，管理这个系统需要了解系统内所有组成部分之间的相互关系，并了解在这个系统内工作的人。

优化是协调系统内各个组成部分以达成同一个目标而共同努力。管理的主要目标是在系统的各个组成部分之间产生积极的互动，并增强这种积极的互动，化消极互动为积极互动。为什么全公司合作的力量小于公司全体员工的个人努力之和？全公司合作的力量应该等于或者大于个人努力之和。为什么会小于个人努力之和呢？因为消极的互动：人员之间的竞争、团队之间的竞争，以及平台之间的竞争。

系统必须被管理，系统不能自我管理。时间会导致变化，必须管理它，必须做尽可能远的预测。系统规模和复杂性随时间的变迁而改变，竞争、新产品和新要求等外部力量要求不间断地管理系统各组成部分付出的努力。管理者和领导人还要做另一项工作，那就是：掌握他们自己的未来。不要成为环境的牺牲品。

为了满足需求量的激增而大量生产，之后需求量下降，如此循环往复。产品生产量的大起大落带来损失，稳定产量也许效益更好，不要起起伏伏，或者以经济型的速度增加产量。另一种可能性是灵活、有效应对需求量的大起大落。

流程图实际上是一张组织图，显示拥有各自专业知识的不同组成部分之间如何合作，以便大家都受益。如果各组成部分成为竞争对手，系统被破坏，每个人都受损。国家规划不必系统管理，到目前为止，还没有这方面的知识。以独立个体的利益作为目标，情况会更糟。几乎在任何一个系统内部，各组成部分之间都相互依赖。依赖关系越大，越需要沟通与合作。

在某公司，我曾经召开过一个有40人参加的会议。与会的每个人都要跟其他人合作或为其他人工作。会议室里有顾客和供应商，他们应该共同努力。他们从来没有与其他人说过话，没有人理解，没有人就自己的工作起了什么样的作用而与其他人交谈。人们为什么彼此不沟通？是什么阻止他们怎么做？他们害怕吗？为什么害怕？不应该这样啊。人们彼此不交流时，他们就不能理解这份工作是什么？

公司不同部门各自为营，各做各的工作，彼此独立，而不是相互促进。为了实现要求他们完成的目标，某个部门可能完全毁掉另一个部门。

系统优化的一个优秀例子是一支好的管弦乐队。乐手们不像首席女歌手那样独自表演，力图吸引听众的耳朵。伦敦的皇家爱乐乐团 140 名乐手中的每一个人的演奏都是为了支持其他 139 名乐手。乐队的好坏由听众评判，在很大程度上并非取决于著名乐手，而是根据他们的合作方式。合作方式才是最重要的。

系统内每个组成部分的义务就是为系统做出最大的贡献，而不是将自己部门的利益、生产或储蓄最大化。有些部门可能要亏损经营。比如差旅部门，不要只以最便宜的价格将出差人员打发走，而要从公司的整体大局来考虑。那个人的最佳出差方式是什么？从整体考虑，什么对公司最好？

协商的基础是什么？每个人得到最佳结果。个人、部门、工会、管理层、竞争对手、国家等任何两方之间商谈的基础应该是彼此所关心的事情。以此为基础，每个人都将是赢家。

总的来说，系统内部任何组成部分的责任是为系统做最大的贡献，但是，如果不对系统进行管理，上述目标将无法实现。系统不会自我管理，为了使整个系统的利益最大化，有些部门可能要亏损经营。

二、差异

存在的差异，以及对差异知识的需求也许超出你的想象。例如，老师是否应该掌握差异方面的知识？老师为什么要了解差异？

有这么一个例子：希罗·哈克柏先生将他 6 岁的女儿送到学校。几周后，她带回来一张老师写的字条。期间，老师进行了两次测验，小姑娘的两次考试成绩都低于平均线。老师警告家长：麻烦就在眼前。有些家长也收到了同样的纸条，他们开始担心。他们希望相信哈克柏先生安慰的话：这样的比较毫无意义，但

> 是，他们害怕相信他的话。其他父母也都收到了纸条。例如，一个小男孩儿的两次考试成绩都高于平均线。给家长的纸条上写着：准备迎接天才的到来。一个女孩的第一次成绩中上，第二次中下——退步。这个消息对哈克柏先生的女儿产生了消极的影响。一个只有6岁的孩子，她受到了侮辱。想想，两次考试都低于平均水平，自卑。她后来恢复了心理健康。要是她没有康复会怎么样？她的一生就毁了。有多少孩子受到这样的负面影响，却没有得到矫正教育，没有人知道。想想老师造成的伤害。不了解差异。一个班有32个学生，有些学生两次考试成绩低于平均线，有些学生两次考试成绩高于平均线，有些学生从低于平均线上升到高于平均线，有些下降到平均线以下，这是不可避免的，当然不可避免。

人员管理需要了解系统对人的表现产生的影响。

公司需要有渊博的知识的指导。作为一项好的原则，渊博的知识来自公司外部。由迫切需要相关知识的人发出邀请，系统不能了解自己。系统不能了解自己。

三、知识理论

我认为知识理论课是人们上过的课中最重要的。知识理论有助于我们理解：任何形式的管理都是预测。以最简单的计划为例：今晚我怎么回家？这需要预测。估计要发动汽车，车跑起来；或者预计公共汽车或火车将要到站的时间。瞧，计划就是预测。任何假设也是预测。你说："我认为""我假定""我预计"。管理是预测，存在错误预测的风险。知识理论告诉我们，某个陈述如果传达知识，则能预测未来的结果，但可能是错误的预测。我们的学校教什么？学校教信息，而不是知识。信息使用方便，但不是知识。词典有很多信息，我经常用词典，有时是法语词典，有时是德语词典。

词典不按段落书写，包含的是信息，很方便，但不是知识。我担心学校教的是信息，怎样通过考试？学生的大脑里堆满了信息，不是知识。理性预测需要理论，并且通过理论的系统修正和拓展来积累知识，该理论以不同的短期和长期预测结果比较为依据。法国寓言里那只站在粮仓空地上的雄鸡有自己的理论。它每天清晨打鸣，用尽全身的力气，拍打双翅，太阳升起。两者之间的联系很清楚，非常明显，难道不是吗？公鸡啼叫导致太阳升起，这是公鸡得出的结论。不能质疑它的重要性。接下来，麻烦来了：一天早上，它忘记打鸣，但太阳还是升起来了。公鸡垂头丧气，它的理论需要修改。如果没有理论，它就不会学到新东西。如果没有什么需要修改，它就不可能学到新东西。公鸡的理论给了它学习的机会。理论的失效让它明白，必须要修改自己的理论，并得出另一个理论。

欧几里得平面几何学以“地球是平的”为基础，为世界提供了很好的服务。每个推论、每个定理都经过修正。当人们想把视野扩展到更大建筑物时，地球是平的这个理论无法适用。比如从这里到技术中心，地球是平的这个理论不再灵验。从北到南的平行线不再长度相等，三角形的三角之和不再是 180 度，三角之和等于 180 度加球面溢差。我们必须修改所使用的几何学，但平面地球几何学对平面地球而言是正确的。

地球是平的，任何怀疑这一点的人都应该选择一个晴朗的日子，从芝加哥开车到厄巴纳。地球是平的。

理论是观察另一个世界的窗口，理论引导人们预测。如果没有预测，经验和实例不能发挥任何教育意义。没有理论，经验不能使任何人受益。只有通过理论，才能获得经验，只有受理论指导，经验才能让人受益。

模仿成功案例，但没有在理论指导下去理解这个案例的成功，最终可能导致灾难。任何理性计划，无论多么简单，都是一种预测，涉及条件、行为、人们的表现、过程、设备（和）材料。预测顾客的行为，解释实验数据也是预测。

仅凭几个个案不能创设理论，但如果某项理论一次都不能适用，又不能解释其原因，应该修改，甚至完全抛弃这个理论。法国寓言里的那只公鸡不得不修改它的理论。即使它早晨没有啼叫，太阳也升起来了。它必须修改自己的理论。

测量或观察到的任何特征没有真正的价值。这个房间的人数没有任何真正的价值。执行某种程序，得到一个数字，改变程序，你得到的是另一个新数字。问题是，你把谁计算在内？算了台上的人吗？算了控制音像设备的工作人员吗？他们肯定重要。可是，你把他们计算在内了吗？计算了那些没有参加这个研讨班，而只是在这里工作的人了吗？计算了那些在外面喝咖啡的人或者在打电话的人了吗？有没有把他们计算在内？这个房间的人数是不是没有真正的价值？执行某种程序，得到一个数字，改变程序，得到的是另一个新数字。任何两个人对于什么重要有截然不同的看法，这必须考虑在内。

100以内的质数的数量有真正的价值：2、3、5、7、11……谁都能数。任何人都能数出来有多少个质数。但那只是信息，只是经验观察的结果，不能进行任何预测。

星期三晚上，人口普查开始（我们国家是4月1日）。一周后的星期三晚上10点，许许多多的人口普查员将走访到每一个工作区、庇护所和廉价小客栈，统计那里的男性人数，他们从不统计任何女性人数。你知道这项开支是多少吗？每增加1个人，需要100美元。那些靠着街边护栏睡觉的人呢？睡在公园里的人呢？地铁里的人呢？计算他们了吗？可以试着统计。每增加一个人，将多耗费200美元。多花钱，统计的人数也越多。值得花多少钱？但是，在下一次人口普查时，可以采用其他办法。

加拿大政府知道有多少只加拿大鹅。这些鹅不是排着队等着你去数：5、10、15。不是的，它们没那么聪明。过去数鹅的方法是抓300只鹅，给每只鹅做上记号：在它们的脚上套个环，写上地点和日期。过一段时间，当这些鹅完全融入其他鹅群之后，再抓几百只鹅，数一数脚上套环的鹅有几只。简单做一些乘法计算，得到一个粗略估计的加拿大鹅的数量。现在计算鹅的方法大为改进，我觉得也可以用同样的方法统计人数。下一次人口普查时，可以采用这个办法。其实，上一次的人口普查要采用这种方法统计，但因为某些政治原因，没有这么做。芭芭拉·贝勒博士退出了人口普查工作，不应该有政客指令她应该这么做或应该那么做。

我在东京时，伯尼斯给我发了一封电报，他是扬·罗必凯雅广告公司的员工，在纽约麦迪逊街工作。他们正按照我设计的方案，实行一个全国性调查。他们每三年做一次这样的调查。他在电报里问了这样一个问题："请告诉我怎么处理房车宿营地问题。"我回电说："按照人口普查的程序做。"我的建议正确吗？没有对与错。但是，按照人口普查程序得出的数字，与人口普查的数字有可比性。这样做也许有一定的优势，原则很简单。如果房车住户在这里停留10天或超过10天，那么他就属于这个选区。至于他明天是否离开，没有什么关系，只要今天他属于这个选区。如果他停留的时间不到10天，就问他："你要去什么地方吗？有目的地吗？"如果得到肯定的答复，就将他划归目的地所在的选区。如果他们还没有想好要去哪儿，就将他们归属于现在所在地的选区，即使他们只在那里停留了两天。这样做正确吗？没有对和错。那些只是人口普查的程序而已。

操作定义

与顾客、供应商、管理人员、工会之间的交流和协商，以及国家与国家之间的交流和协商要求有操作定义。操作定义是双方就如何将概念转化为衡量标准而达成一致意见的程序。

我们根据操作定义做生意：买卖双方必须就检验方法（如铁矿石的检验）达成一致意见。一船载运量的铁矿石是多少？买方和卖方必须就衡量的程序达成一致。不只是说说而已，要有具体操作。操作定义是按照程序进行沟通的一种方式。

信息不是知识。

历史上从没有像现在这样充满各种信息。世界各地可能发生任何事情，一分钟之内，传遍了全球。信息有助于我们理解未来和管理责任吗？一点儿用都没有。

许多人都以为，我们需要不断更新，以能适应迅速变化的未来，这是自欺欺人。事实并非如此，因为做不到。即便时时刻刻看电视或阅读每一份报纸，你了解到的未来，也只是冰山一角。换句话说，信息无论多么完整或及时，都不是知识。为了对付考试，大脑里塞满了信息。这不是知识，也不是学习，它没有时间拓展。知识必须涉及未来，并解释过去。知识来自理论，没有理论就无法使用瞬间得到的信息。

四、心理学

贝尔电话实验室的哈罗德·道奇先生经过多次测试发现，检验员的检验结果取决于交给他的工作量。无论以什么方式，每天的结果可能都一样。一次给他 25 个产品检验，他会发现每一个瑕疵，几乎不可能错过任何一个问题。一次给他 100 件产品检验，他的疏忽率有 10%。检验结果取决于分配给他的任务大小。

检验员可能会让一个不太确定的产品通过检验，为的是不让任何人受罚。还是让它过了吧，这样做扭曲了检验数据。

为了保住大家的工作，检验员从来不会让缺陷率达到10%。据说有个工厂经理扬言，如果每天的缺陷率高达10%，他将关闭工厂，并将工厂夷为平地。检验员要努力保住300人的工作，他从来不会让缺陷率达到10%。心理与期望的结果交织在一起，检验员害怕将正确的数字写下来。哪里有恐惧，哪里就有错误的数据。他好心好意想要挽救工人们的工作，最终结果可能还是让这些工人流落街头，因为顾客买到质量差的产品。他心怀善意，但你也许会说："他不应该那么做。"人们就这么做了，无论他们应不应该这么做，这是他们所做的事。

可能你又要说，工厂经理不该说那样的话。他说没说那样的话与这件事毫无关系。唯一重要的是那300名工人想什么。他们想经理已经那样说了，除此之外，其他任何事情都不重要。也许你会说："即使经理说了，我想他不会真那么做。"你的这种想法与这件事完全无关。重要的是那些工人怎么想。他们害怕失去工作，检验员正在努力保护他们。

公司总裁任命的委员会提交的报告将是一份符合总裁心意的报告，甚至比总裁期望的会更好，他们的生活取决于它。

摘自福特汉姆大学演讲报告

1992年9月

第三章

采用什么方法

怎样才能改善

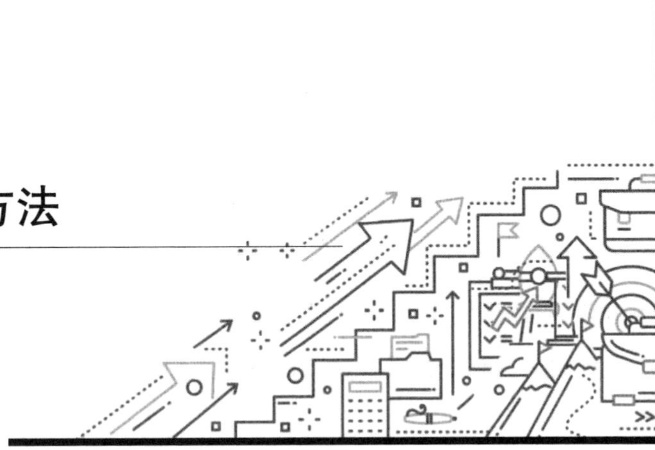

THE ESSENTIAL DEMING

听完某公司高管阐述他要改善企业的所有举措之后，戴明问：“用什么方法？”这个问题把大多数人难倒了。打算怎么改进？不知道为什么，一旦高管们决定要改善企业，他们以为其他一切自然会水到渠成。实际上，永远都不会水到渠成。如何完成某件事的零阶段计划是改善方案中最重要的阶段，没有这一步，其他都只是一厢情愿的美好愿望。戴明提供了许多如何改善的方法，从他的开创性管理理论到统计方法、组织结构的内部改变以及国际合作等。

THE ESSENTIAL DEMING

1989 年，戴明在日本大阪所做的关于质量管理基础的讲座成为他的名著《新经济观》一书的基础。

质量管理的基础

质量在哪里产生？答案是：产生于高层管理。公司产品的质量只有在高层管理指导下，才能做得最好。

工厂和服务机构的人只能生产或提供管理者们规定和设计的产品和服务。

工作的稳定性和就业机会取决于管理者们设计能吸引顾客和开拓市场的产品和服务的远见。

渊博的知识。辛勤工作、尽最大努力，如果没有渊博的知识指导，将导致灭亡。没有什么可以替代知识。什么是渊博的知识？下面可提供一些答案。

渊博的知识体系包括彼此关联的四部分：

1. 重视系统的稳定。
2. 有关差异的理论。
3. 知识理论。
4. 心理学。

要将渊博的知识作为一个系统理解和应用，不必每部分都精通。运用渊博的知识体系，从当前盛行的西方管理模式转为优化管理模式。之后，产业、教育和政府部门的 14 点管理原则将自然而然地被采用。

渊博的知识的不同组成部分相互影响，彼此不可分离。因此，如果没有差异学方面的知识，心理学知识是不完整的。如果心理学家理解差异，像在红色的珠子实验中所得到的教训那样，他们不会再参加不断改进人员评估工具的活动。

经理，在担任员工领导者的角色中，必须具备差异学和心理学方面的知识。

系统管理是基于预测的行为。理性预测要求系统学习，并比较从可能的替代行为过程预测短期和长期的结果。

差异理论在系统优化中能起到至关重要的作用。统计学理论有助于理解人与人之间的区别，理解人与人之间以及他们所工作的系统之间的互动。

协助系统学习是统计专家们的一项特长。理解系统及其优化，并具有一些知识理论和心理学知识的统计专家们能应用他们的差异学专业知识不断提高预测方法，以便改善管理。他们也能帮助人们保持内在的学习动机。

统计学理论，如果谨慎结合知识理论，在解释测试或实验结果、理解因果关系时作用很大。解释测试和实验结果是为将来提供参考：预测。

如果经济学家懂系统理论以及合作在优化中所起的作用，他们就不会再宣扬通过对抗性竞争自救。相反，他们会带领我们进行优化，使每个人都有利可图，包括竞争对手。

如果某垄断组织或统治某市场的两家或两家以上的公司或机构团结起来，共同商定统一的价格，定出的价格高于优化整个系统（包括他们自己、顾客、供应商、雇员、环境和他们工作所在的社区）所需要的价格，这是愚蠢的。任何参与协商的人，如果不能捍卫自己的权利，也就不能实现自己的目标，任何一方失去权益都将导致所有各方的损失。

理论知识使我们明白：任何形式的管理都是预测。今晚我怎么回家这个最简单的计划需要预测：我要发动汽车，车开始跑起来，或者估计公共汽车或火车到站的时间。管理需要根据因果系统和原因的变化而采取行动。

一、系统

1. 什么是系统？系统是为了相同目标而共同运作的某机构内部的一

系列功能或行为（次过程、步骤、组成部分）。组装成一部汽车或吸尘器的各机械部件和电子部件形成一个系统。一座城市的学校（包括私立学校、教区学校、贸易学校和大学）是典型的、共同运作的教育系统。

几乎任何一个系统的各组成部分都相互依赖，依赖关系越大，各组成部分越需要沟通与合作。

不必明确定义各组成部分，并记录在案：人们只要做各自需要做的事。系统内的全体工作人员都能为改善系统贡献一分力量，因此也增强了他们工作的快乐感。管理系统需要掌握有关系统内部各组成部分之间以及工作人员之间的相互关系的知识。

必须让系统内的每一个人都明确了解系统的目标。没有目标，就没有系统。目标是价值判断的标准。

这里建议每个机构应该将目标确定为：所有人的长期利益都是盈利——股民、雇员、供应商、顾客、社区、环境。例如，在雇员方面，目标是为他们提供优秀领导力、培训机会和进一步发展的教育，再加上工作的快乐感和生活质量。

2. 优化。优化意味着达成目标：每个人都盈利。优化失败或次优化将导致系统的每个人受损。

要优化，就必须管理系统。管理者的责任是努力优化系统，并长期保持优化状态。系统规模的扩大和复杂化，以及随着时间的变迁而发生的迅速变化要求全面管理系统各组成部分的工作。管理的另一个责任是准备改变系统的界限，以便更好地为系统目标服务。

机构的目标、规模或界限如果发生了变化，为了优化新系统，各部门的功能需要随之改变。时间导致变化，要达到优化，必须管理新发生的变化。

原则上，在稳定的条件下，系统的各个组成部分能自我管理，完成各自的目标。例如弦乐四重奏，每个成员都是为了协助其他三名乐手，没有人是为了单独吸引听众的注意力。四个人同时独奏不构成弦乐四重奏，他们无论独自演练，还是一起演练，都是为了完成他们各自的目标。他们的目标是挑战自我满足感，并给听众带来愉悦。

任何系统都需要外部指导。上面提到的弦乐四重奏乐手可能在同一个老师的指导下学习。表演时，老师不必在场。

大机构要求有人帮助总裁，给他灌输和提供渊博的知识。

流程图帮助理解系统。理解系统能使人追踪到所预计的变化结果。

系统优化的一个好例子是一支优秀的管弦乐队。乐手们在台上不是像独唱演员那样独奏，吸引听众的耳朵。他们是为了彼此协助，个人不必成为这个国家的最佳乐手。

商业机构不只是一张组织流程图，所有部门都为各自的目标奋斗（销售、利润、生产率），而且是一个由工作人员、材料、方法、设备构成的网络，为了同一个目标，各组成部分彼此协助。

学校系统（如私立学校、教区学校、贸易学校和大学）不只有学生、教师、校董事会、监事会和父母，而应该是教育系统的一个组成部分。在这个系统中，从蹒跚学步的儿童起，学生们享受学习的快乐，不用担心成绩和金色的星星。在这个系统中，老师享受工作的快乐，不用害怕评估。这个系统承认学生之间的差异、教师之间的差异。看完这篇文章的其他部分之后，读者可能希望建立医疗系统。

根据对系统目标贡献的大小判断各组成部分的业绩，而不是根据他们独立的生产或利润，也不是根据其他竞争标准衡量。为了优化整个系统，有些部门可能亏损经营，包括那些承担损失的部门。

为了节约差旅费，而不顾出差人员的身体健康，这样的管理很糟糕。例如，为了夜间交通的折扣，省 138 美元的交通费，迫使出差人夜间旅行，晚上大部分时间不能睡觉，第二天到达目的地时，身体不舒服(实际例子)，这样的管理非常糟糕。差旅部门最好应确保出差的人到达目的地时头脑机敏、身体健康，不要在意花多少钱。

优化每个人应该成为个人、部门、工会、管理层、竞争者、国家等任何双方之间谈判的基础。每个人都要获利。现在说说导致优化失败的两大主要因素。

1. 时间优化失败。没有估计到追求短期业绩的后果。

   ① 季度分红，让它看起来令人满意。

   ② 每季度结束前，将手头的货物全部运出去。标记已发货，显示为应收账款。

   ③ 将材料订购和维修推迟到下一季度。

   ④ 快速收回投资，红利很高，频繁买进卖出。

   ⑤ 退休基金必须投资于高回报项目。这项要求会导致大笔资金迅速流动——从这个公司转到另一个公司，频繁买进卖出。

2. 人力资源优化失败。人员管理失败，短期、长期损失巨大，但无法察觉。

   ① 用奖惩措施评估工作人员、团队、部门。

   ② 谬论容易理解。不论以什么标准比较两个人，一个人必定胜过另一个人——一个在上、一个在下。比较两个团队、两个工厂、两个部门也是一样。无论用什么方式比较六个人，其中一个人最好，一个人最差。比较六个团队、六个工厂、六个部门也是同样的道理。那又怎么样？比较结果有什么意义？能预测未来的表现吗？要得出结论，需要有差异学方面的知识。

   ③ 销售量下降，评估销售员，惩罚本月业绩差的销售员。

④ 根据手头的现金和票面价格总和的日差额评估某地区的售票员，差额最大的售票员被“奖励”无薪休假一天（英国铁路公司）。读者能想出比这更好的摧毁道德的办法吗？

⑤ 评估的一个更坏的结果是引发冲突。被评估的每个人的目标都是得到高评价。系统优化被破坏，道德和质量受损。

⑥ 某汽车公司根据销售量评估它的两个部门，结果，两个部门摆出了满满一排车，从小到大，各式各样。否则，一个部门要输给另一个部门。

事例

★ 考绩制（实际上破坏内在动机，强调级别，而不是工作）。

★ 学校的记分制，从蹒跚学步的幼儿到大学生。

★ 目标管理法、绩效管理。

★ 奖励性工资。

★ 商业计划，每个部门都有自己的商业计划，而不是为同一个目标合作。

★ 生产标准；销售配额；限定事故与故障发生的次数。

★ 竞争市场份额。

★ 贸易壁垒。

★ 任何人、任何团队、部门、机构（管理部门、工会）在谈判中都会尽量榨取对方的利益。

幸运的是，没有必要精确优化，只要接近优化就可以了。实际上，精确的优化状态难以定义。

二、差异理论知识

(统计理论)

1. 管理系统（包括人员管理）必须略知差异学（包括重视系统的稳定）和导致差异的特殊原因。
2. 人与人、产量、服务、产品之间总是存在差异。关于生产、服务过程，以及在这个系统中工作的人，差异告诉了我们些什么？
3. 理解某生产或服务程序的能力。数据显示该程序什么时候稳定，稳定系统的产量分布具有很高的预测度。在统计控制下，稳定系统的生产能力可以界定。
4. 人员的领导（经理、领导者、导师、教师）在两种不同的状态下，即稳定与不稳定状态，是完全不同的。混淆两种状态将导致灾难。
5. 了解测量系统中不确定因素的根源。测量系统是否稳定，是否是统计控制？
6. 试图改善某生产或服务过程时，容易犯两个错误，无论哪个错误都代价昂贵：

    错误一：将任何结果、过失、投诉、错误、设备瘫痪、事故、短缺作为特殊原因处理，但实际上是由于常见原因引起的（干预式管理）。

    错误二：将任何结果、过失、投诉、错误、设备瘫痪、事故、短缺归咎于普通原因，其实是由于某个特殊原因造成的。
7. 知道如何以最小的经济损失处理上述的两个错误（休哈特控制图）。
8. 有关各种力量互动方面的知识。互动可以加强各方力量付出的努力，也可能相互抵消。系统对员工业绩的影响。了解人与人、群体、部门、公司、国家之间既彼此独立，又相互依存。

9. 懂得如何区分枚举研究和分析问题。枚举研究提供框架信息，抽样和试验设计是为了进行枚举研究。我们的人口普查是枚举研究。另一个例子是铁矿石的船载量，买方和卖方需要知道船上有多少铁矿石。测试或实验结果的解释是另外一回事。预计某过程或程序中的特殊变化是明智的选择，或者预计没有变化会更好。在这两种方式中，无论哪一种都是预测，这就是问题分析。

10. 了解不间断地使用随机力量或随机变化产生的损失，尽管这些随机力量或随机变化单独考虑时并不重要（用漏斗实验可以解释）。例如：

　　连续地用工人培训工人。

　　产业或政府委员会，或民事服务官员努力制定政策，但没有渊博的知识指导。

11. 扩大委员会不一定能改善结果，增加委员会的人数不是获得渊博的知识的途径。

　　不言自明的公理令人不寒而栗，全民投票能给予正确答案吗？

12. 作为一项好制度，渊博的知识必须来自外部力量，必须邀请外部力量。

三、知识理论

1. 任何理性计划无论多么简单，都要根据条件、行为，在比较两种程序或材料性能的基础上进行预测。

比如，今晚我怎么回家？这需要预测。预计先要发动汽车，车令人满意地跑了起来，于是做出相应的计划；或者预计公共汽车或火车将要到站的时间。

或者，我将继续采用方法 A，而不是改用方法 B，因为这时的证据表明，B 方法在将来有条件地产生更好结果的前景并不令人信服。

2. 解读测试或实验数据是预测行为——采用这个结论会发生什么结果？或者从测试和实验中得出什么启示？这种预测很大程度上取决于这方面的专业知识。只有统计控制，统计理论才能帮助预测。
3. 缺乏预测或不解释过去事件的陈述对管理没有帮助。
4. 理论引导人们提出问题。没有问题，经验和例子没有教育作用。没有问题，只不过是一个例子而已。模仿他人的成功，而没有借助理论理解他人的成功，可能导致灾难。
5. 交流和谈判（顾客和供应商之间，管理层和工会之间、国家之间）要求优化操作定义。
6. 例子不能产生理论，但一次无法解释的理论失败要求修改甚至抛弃这个理论。
7. 测量或观察到的特征、状态或条件没有真正的价值。改变测量或观察程序，将得到新数据。

100 以内质数的数量有真正的价值。把这些数字写下来，2、3、5……读者看到的是事实。

另一方面，这个房间内的人数没有任何真正的价值。你算了谁？算了那些曾经在这个房间，但现在在外面打电话或喝咖啡的人吗？改变计算规则，得到的是一个新数字。谁没有被计算在内？一船铁矿石的铁含量是多少没有真正的价值。为什么？改变铁的抽样方法，得出的铁矿石含铁比例将不同。

8. 事实上，经验观察不是事实。同一事件的什么方面重要，任何两个人都有不同的看法。

四、心理学知识

1. 心理学有助于理解他人、理解人与环境之间的互动、老师和学生之间的互动、领导和部下以及任何管理系统之间的互动。
2. 人彼此不同，领导人必须意识到这些差异，利用这些差异最大限度发挥每个人的能力和偏好。现在的产业、教育、政府都以同样的假设为前提进行管理，都以为所有的人都一样。
3. 人们以不同的方式和不同的速度学习，有些人的最佳学习方法是阅读，有些人的最佳学习方法是听他人讲，有些人看图片（静态或动态）的学习效果最好，而有些人的最佳学习方法是观察他人怎么做。
4. 为了改善系统，领导人有责任根据他的权威改变管理系统。
5. 有内在动机、外在动机、过度辩护效应。

   人天生需要社会交往，需要被爱、被他人尊敬；天生需要自重和自尊。

   环境给予人尊严和自尊，环境也剥夺人的尊严和自尊。

   剥夺雇员尊严和自尊的管理将扼杀人的内在动机。

   一些外部动机剥夺工作人员的尊严和自尊。如果为了高薪或高评价，明知错误，却还要去做，这就是被剥夺了尊严和自尊。

   如果不得不无休止地担心分数和金色的星星，或担心对工作表现的评估结果，没有人（无论孩子还是其他人）能享受学习的乐

> 趣。取消学分制，我们的教育体制将被改善，效果无可估量。
>
> 人天生好学、富有创新精神，天生具有享受工作的权利。心理学帮助我们培养和保持人们这些积极的内在品质。
>
> 中和内在动机的外部力量影响外在动机，酬劳不是激励因素。在外在动机的影响下，在学校学习以及学习的乐趣被获得高分的目的抑制；工作中，工作的乐趣和创新能力屈从于要得到好的工作评价。在外部动机的影响下，人被外部力量掌控。他想保护拥有的一切，力图避免遭受惩罚。他知道学习没有乐趣，外部动机是零缺陷心态。

排除抑制因素并不能产生动力。

过度辩护效应源自错误的奖励机制，是对外部力量的妥协。某人单纯因为喜欢或自我满足而做某件事或取得某种成就，如果给予他金钱奖励或其他奖品，奖励的结果是扼杀了他再次做这样的事或再次取得这样成就的可能性：他将失去这种追求的兴趣。

这种情况下的金钱奖励是不懂如何管理内在动机的管理者们想出的办法。

当今管理机制的影响。管理者抑制人一辈子的内在动机、自尊、自重，让他的内心充满恐惧、自我防卫，为外在动机左右。从蹒跚学步的孩子到大学生，以及那些工作的人，我们在不断地摧毁他们。

政府部门、产业管理和教育体制需要转型。管理是稳定状态，转型是走出现在的状态，完全变形，而不只是在现有的管理体制上修修补补。当然，我们必须解决问题，起火时先要灭火，但这些举措不能改变系统。

转型将我们带入新的奖励机制。必须恢复个人的天性，在与世界交往的复杂关系中恢复个人的天性。转型将释放人类内在动机中的力量。不再竞争高评价、高分数，不再争取第一，取而代之的是人与人之间、部门之间、公司之间、政府部门之间、国家之间为了共同的利益，就各种问题进行合作。结果将产生更大的创新力、应用科学、技术、市场扩大、更好的服务、每个人都享有更好的物质奖励。工作有乐趣，学习有乐趣。每个享受工作乐趣的人都是愉快的合作伙伴，每个人都是赢家，没有人输。

对管理者们最为重要的数字无法得知。几年前，劳埃德·纳尔逊博士说，没人知道那些对管理人员来说最重要的数字，也无从知晓。我们可以再加上一句：最重大的损失和盈利甚至都没有引起人们的注意。

例子：

1. 考绩制，将人分门别类，懒人的办法，实际上是毁人。
2. 不懂如何领导。
3. 工人培训工人。
4. 高管们尽自己最大的努力工作，试图改善质量、扩大市场、提高利润，但没有渊博的知识指导。
5. 干预式管理。
6. 人员优化和公司部门优化失败，于是接受次优化——每个人都努力使自己部门的利益最大化，结果造成损失。
7. 在质量和生产率上获利，但公司其他的部门不能改善。“如果无法衡量，就无法管理。”这种假设是错误的。重申一次，最重要的损失不为人知，也无从得知。

错误做法及其改善建议

错误做法	改善建议
只要技巧，不需要管理理论，目标管理，不需要大脑	需要管理理论
结果管理，太迟；干预式管理；没有区分特殊原因和普通原因。立即处理： 损失 客户投诉 进厂原料或出厂产品质量差 事故 紧急故障 旷工	在系统上找问题，从源头减少失败。损失不是原因。客户投诉、质量差、事故、紧急故障、旷工等同样不是原因。避免干预式管理。应采用适当技术，区分特殊原因和普通原因
所谓的绩效制——实际上是毁人	领导力。改变奖励机制，从严格的个人主义（我赢、你输）转变为合作，人人皆赢
给予个人奖励津贴。按绩效付工资。奖励津贴是数字，不是质量。结果：事与愿违、损失	所有人按正常方式发工资。提供领导力
汇报问题和解决问题（PRR）。实际上，这是根据结果管理的一种形式，干预式管理	研究系统，学习一些能使净经济损失最小化的方法
工作标准（配额、时间标准）： 1．双重支出 2．剥夺人们的工作自豪感	提供领导力，每个人都有权得到工作的自豪感。只要将工作标准替代为有能力的领导力，质量和

续表

3. 断绝一切获取资料，用以改善程序和提高产量的可能性。之所以这样，是因为生产数据是被逼出来的	生产率就随之而上，工作人员"更快乐"
目标管理，数字管理(去做，我不管你怎么做，只要去做就好) 公司当然要有目标，同样，个人也要有目标，但目标不是数字，而应该是改善系统 当然要有事实。例如，如果年底不把缺陷产品降到5%，我们都不能继续留在这里。这不是目标管理	改善系统的更好方法会在将来产生更好的结果。人们只能得到系统给予的结果，任何抵抗系统的企图都将导致损失

摘自日本大阪管理科学研究所一次会议讲稿

1989年7月24日

THE ESSENTIAL DEMING

戴明建议设立统计方法办公室，直接向公司总裁汇报，并附了下面这段文字提醒：

我们应该注意，统计方法办公室不是负责质量的一个群体，质量是每个人的责任。统计方法办公室的功能是帮助全公司的人不断改善设备和程序的设计、保护设备投资；更重要的是，教育和保护人员投资。

摘自写给唐纳德·彼得森的备忘录

时任福特汽车公司 CEO

1987 年 9 月 22 日

THE ESSENTIAL DEMING

两年后，他依然注重该公司的领导问题，并给他们寄了这封信。

领导力什么时候介入

1. 管理和教育界盛行的做法已经摧毁了个人。3 岁的孩子毁于服装奖、在校成绩、因体育运动得到金色的星星。毁灭力量一直伴随着个人的学校教育，以及他一辈子的工作，夺走了他学习的快乐、工作的快乐。例如，所谓的考绩制（实际上是毁人）、配额、奖励机制（见图 3.1）。

与通常的分类方法相比，将人分成下面四类并没有什么改进：

高于系统范围，因为得到某种认可。

低于系统范围，需要特殊的帮助。

其他。

中上。

中下。

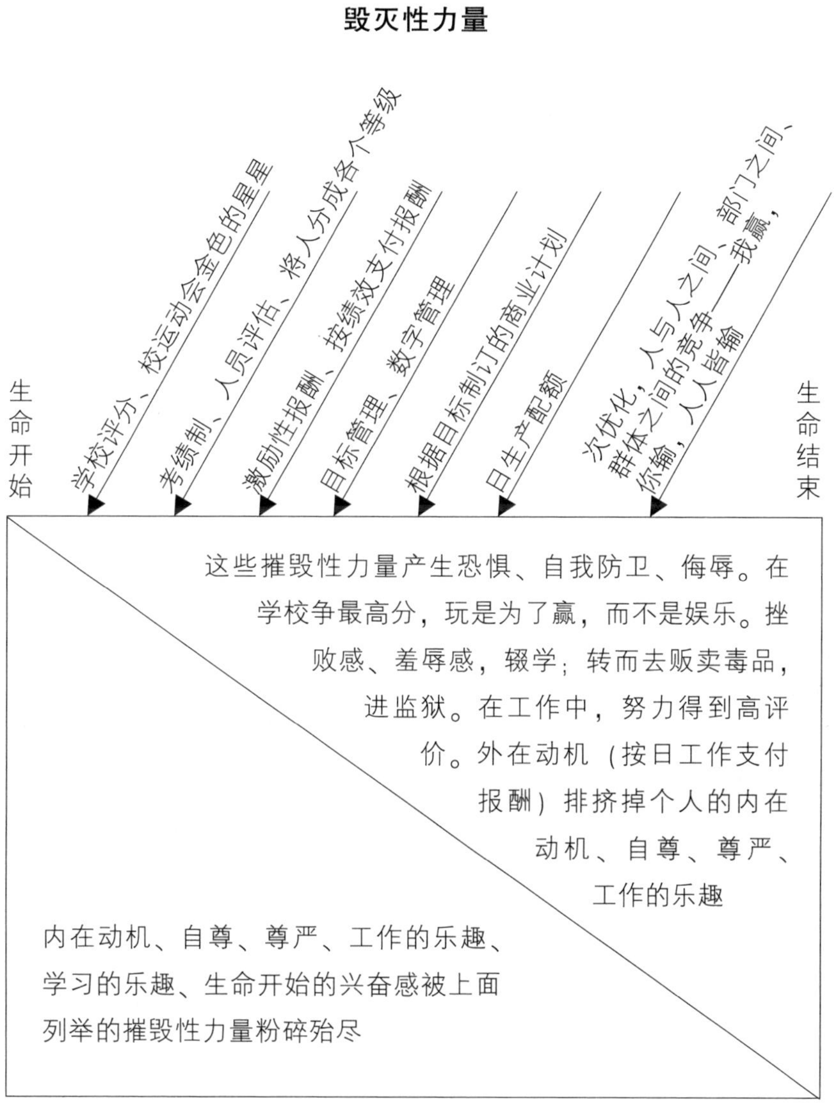

图 3.1　第一行的那些毁坏力量夺走了一个公司和一个民族的创新精神及应用科学。我们必须代之以懂新管理理论的领导力

2. 人人叫喊降低成本，我担心这是花大力气做小事。最大的损失往往无法管理，这些损失虽然不为人知，也无从知晓，有些损失甚至无法觉察，但必须管理这些损失。我指的是人员评估、团队和部门评估、与供应商关系不好、奖励建议、全面系统优化失败、普遍缺乏转型新知识的教育。

领导力何时介入，以更好的措施取代当前盛行的、破坏了我们的产业、教育和政府的毁坏力量？任何管理都需要帮助，这种帮助来自渊博的知识。我在今天的另一个备忘录写了相关建议。

摘自写给唐纳德·彼得森的备忘录

时任福特汽车公司 CEO

1989 年 12 月 9 日

THE ESSENTIAL DEMING

同一天，他还写了另一封信，建议设立“质量教育办公室”，要求包括他所说的系统的渊博的知识：

我认为，一个公司如果要继续生存，不仅必须利用公司现有的知识库，而且必须依靠渊博的知识体系的指导。

为了方便这种指导，我建议在总裁办公室旁设立一个“质量教育办公室”。“高管发展中心”和“教育培训中心”满足不了这个需求。

为首的是质量教育领导人，对高层管理负责，这个领导人必须具有无可置疑的能力。高层管理授权他参加任何他觉得应该参加的活动，他应该定期参加总裁和职员的任何大型会议。他要做的选择必须让他自己判断，而不是让别人判断。当然，他要尽量帮助任何请求他帮助的人。

摘自写给唐纳德·彼得森的备忘录

时任福特汽车公司 CEO

1989 年 12 月 9 日

THE ESSENTIAL DEMING

戴明相信员工之间、部门之间、公司之间、产业之间、国家之间的合作。在给消防长官做的演讲中，他讨论了各消防部门组建合作系统和标准化的必要性。

合作与标准化

消防部门为社会服务，他们每天的生活就是合作。各消防公司互相支援。因此，如果某城市的南边发生大火，占用了南部地区的大部分资源，该城市其他地区会调设备补充那些没有设备的消防站。

同样，不同城市和小镇之间的消防部门也有广泛的合作。大火发生时(或发生其他紧急情况——化学品外泄、飞机失事等)，许多社区的消防部门都来支援，这种情况司空见惯。消防部门之间彼此竞争谁该对某次火灾做出反应，这样的事情前所未闻，因为合作事宜事先就安排好了。

在这点上，我要插句话。每个年轻人的梦想都是当一名消防员。这次给“国际消防长官协会”演讲是我距离这个梦想最近的一步。年轻时，我崇拜消防马——这是马的最高荣誉。我想象着，小马驹们梦寐以求的最大成就是当一匹消防马。过去救火是排一字长龙传递水桶，但那时我人太小，不能参加。

消防部门是合作的楷模，这是不争的事实，但我还想就合作与系统补充几句。我这样做的目的是要表明，如果我们的一切活动都像消防部门那样合作，将会有许多方式做到人人皆赢，无论是物质上，还是精神上。

首先，我们谈谈系统。系统可以是消防部门，可以是一个公司，可以是整个产业，甚至是整个国家。

系统由各个部分构成，比如，城市的组成部分有消防部门、警察局、学校，以及城市必需的其他服务机构，如司法系统、机动车管理局、交通部门，以及负责铺设街道、收集垃圾的部门。所有这些部门应该为了一个共同的目标合作。

必须要有目标，没有目标，就没有系统。系统的各个组成部分为实现同一个目标而齐心协力。对于城市而言，各部门的目标应该是一起服务于这个城市的居民，并为居民和全体雇员提供优质生活。

举个例子，钱总是不够花的。每座城市、每个州现在比以往任何时候都缺钱。为了实现目标，必须最佳分配资金。任何部门（如消防部门）都想得到更多资金，而不是优化城市系统，结果只能是既伤害了自己，也伤害了其他部门。判断一个部门，应该根据它为系统做出的贡献，而不是根据某种竞争措施。

我们知道如何优化各个部门，但优化一个更大的系统很困难。系统需要管理。

没有目标，消防部门只是消防员、消防车、车上的设备、建筑物、消防栓。没有目标，这些人和物品，无论是单独还是在一起，都没有用。

我记得一个关于合作的故事，可能发生在 1903 年。巴尔的摩发生了一场大火，纽约的消防队装了 28 个平板车的设备和消防员，用火车迅速运到巴尔的摩，帮助灭火。他们到达现场时发现，这些努力都是白费，纽约运来的灭火水龙带上的接头与巴尔的摩的消防栓不匹配。

这里有两点值得学习。第一点是合作：一个消防部门火速前去帮助另一个消防部门。第二点是以标准化形式合作。我们理所当然地接受标准，但这个世界本来没有标准，标准必须由人创造。没有标准，我们的生活将停留在原始状态。消防设备的接头就是一个例子。还有很多这样的例子：

每天的计时制，以格林尼治标准时间为基础，全世界采用。

日期，以国际日期变更线为准，这个大家都注意到了。

红绿交通灯，红灯在绿灯的上面，全世界都一样。

公制度量衡。

电池的型号。如果我需要 AAA 号电池，世界各地都能买到，都合适。

铁轨的间距。列车车厢可以从哈利法克斯开到蒙特利尔，开到波士顿、芝加哥、迈阿密、得克萨斯埃尔帕索、洛杉矶、旧金山、俄勒冈州波特兰、西雅图、温哥华、卡尔加里、萨斯卡通、温尼伯、明尼苏达州德卢斯和明尼阿波利斯，再南下到芝加哥。这一切之所以可能是因为城市间铁轨的英制标准（56.5 英寸）、相同的空气制动系统、列车车厢之间同样的连接装置。

专业人士会议（像我们这次消防长官会议），就目标和知识进行交流。

科学和专业期刊，供全世界的竞争者们交流新知识。

最好的救火方法是避免发生任何火灾。这是不可能实现的数字目标，因此，我们可以把目标降低一些，比如说，减少火灾发生的次数。通过了解某城市或城市某个区火灾发生次数是否有稳定规律，还是不稳定发生，消防部门可以提高他们的工作效率。我们看看下面这个例子：

某公司总裁收到保险公司寄来的一封信，信中说：在随后的 6 个月内，如果不急剧减少公司建筑物内火灾发生的次数，保险公司将取消保险。

公司总裁当然很担心，于是给公司的 8500 名员工每人寄了一封信，恳请他们不要再放这么多火，不要让公司失去火灾保险。
他处理问题的方式好像大楼里的员工是引起火灾的罪魁祸首。

我拿到这个公司的资料。数据表明，该公司的火灾次数已形成稳定格局，平均每月1.2次。从这些数据计算出的火灾上限是每月5次。

如果保险公司有人懂差异学知识，计算出了这些数字，就不会写那封信。他会注意到火灾的稳定规律，保险公司有充分理由制订一个既保护建筑物，又能盈利的保险费率。

当然这些数字可能将来不再正确。如果管理者们采取措施，改变工作程序，减少每月火灾发生的次数，上面所说的火灾发生规律将不再持续。

通过研究公司内部引起火灾的操作过程，可以减少火灾次数，这与将每次火灾当作事故、特殊事件处理完全不同。我们当然要先灭火，不论是什么原因，但我们的目标应该是减少将来的火灾次数。就减少火灾次数这件事，将它当作因特殊原因引起与将它视为稳定操作程序的必然结果完全不同。认定每次火灾都是一次事故，这种想法可能会堵死减少火灾的正确解决办法。

灭火的一个普遍问题是消防员受伤，吸入有毒气体也伤害消防员，这是一项危险工作。消防员们的伤很多在背部，可能已经显示出稳定的差异模式，这表明需要对系统采取措施。措施可能包括锻炼消防员，拉伸背部肌肉，以及在火灾现场采用不同的方法移动设备。

公司员工缺勤是否表现为某操作程序的稳定特征？如果是，只有管理者采取行动，才能减少发生率。公司任何部门或团队是不是有人缺勤？是特殊原因吗？需要单独研究吗？

接收快递或给客户送快递的处理时间稳定吗？还是因为特殊原因被耽搁吗？如果呈稳定趋势，处理时间如何能被缩短？

工作中的事故呢？福利日怎么样？差异稳定吗？

消防部门在培训上花大量时间和资源，培训什么时候结束？回答是：消防员在每天、每周，或每个片区所犯的错误数达到稳定状态时，培训结束。达到这种状态时，进一步培训对他的技能没有帮助。能学会技术的人已经达到稳定状态，学不会的人不能达到稳定状态。

如果一个已经达到稳定状态的人的工作不能令人满意，必须将他调离到其他工作岗位。在他身上花金钱和时间培训他做这项工作是白费工夫。另外一件极其重要的事情是每年都要改善培训方法。

既然说到这儿，我顺便提醒一下，要注意工人培训工人的危害。结果将是毫无章法、令人难以置信地远离既定的目标。最好让有能力的人做培训工作。

教育和个人发展却不同，教育和个人发展永无止境，不必达到稳定状态。

大众教育是消防部门的职责，在这方面，他们做得很成功，比如建议每个居民住宅和办公大楼都安装喷水系统。

消防部门最好要注意极端事件发生的可能性，如百年一遇的大火——100 年或 200 年来最严重的一次。可能几个世纪也不会暴发洪水，但消防部门必须警觉，预防百年大火或百年洪水的发生。这种警觉要求周边地区立即派人增援。

准备应对百年一遇的大火要有资源，这意味着要培训志愿者，预备额外的设备，而且设备必须可以随时拿出来用。百年一遇的大火，这样的开支看似不必要、多此一举，可能招致不懂差异学（尤其是极端价值理论）的人的善意批评。知识不能替代，当百年一遇的大火发生时，那些批评的人将充满感激之情，感谢消防部门的预防智慧。

总之，我敬仰全世界消防部门为不断改善、革新与合作所付出的努力。我唯一能做的贡献是建议，差异学知识将有益于全世界的消防部门。

摘自多伦多国际消防长官协会演讲稿

1991年9月22日

THE ESSENTIAL DEMING

在写给美国大学一名院长的信中，戴明建议成立一个学习管理和生产率的国际研究所，以便不同国家的人能取长补短。

美国有必要设立一个中心，将私营业和政府部门的人聚在一起，学习日本的管理和贸易原则，提高美国产品的质量和数量，日本的质量奇迹和经济生产经修改后，可在美国应用。

除非美国在生产率和革新方面能与日本匹敌，否则，萦绕美国的恐惧将深化美国的保护主义，制订更高关税，提高进口配额。大家都说过，解决这个问题更有效、更有建设性的方法是提高我们自己的生产率，而不是惩罚外国工业的高生产率。

很难从美国人的脑子里消除关于管理责任和日本工业的一些毫无根据的观念，但如果组织得当，付出正确的努力，在一定的程度上能有效做到。

根据我的判断，实现这个目标至关重要的一点是设立一个研究所，将日本工业领导人、美国工业领导人、美国政府机构的领导人和立法部门的领导人组织到一起，建立一个基地，以便更好理解效率、质量和生产率对日本经济成功所起的作用。我相信，与会的美国工业家们最终将质疑自己，以显而易见的证据证明，他们没有采取正确的道路追求生产率，而是不断给自己找借口，把企业包裹在行业协议和繁文缛节中（跟政府部门的情况一样差），给自己开脱说有约束，不能面对困难，不能采纳外界人士的观点。

结果可能使美国生产能力大大提高，国际贸易平衡改善，特别是对日贸易。

我设想，作为致力于实现上述目标的有效组织最终将发展成为“生产率管理高级研究所”，成为来自世界各国的人交流知识和经验、互相协助提高工业生产率的中心。当然还要预计人类在不久将来的需求，以及世界不同地区对材料和产品的需求。需要学习怎样在其他国家做生意。我们的立法和司法部门也要像美国管理者一样学习怎样做生意，他们对法律和法规的解释“非常有效”地阻碍了美国公司在国外经商的能力。

摘自写给商业管理学院院长的备忘录

美国大学

1978 年 8 月 23 日

THE ESSENTIAL DEMING

在这篇为日本 1955 年戴明奖颁奖仪式所写的讲稿中，戴明重点阐述了消费者研究的重要性。

在过去的 15 年里，统计技术已经给工业带来了新的在质量和精度一致性方面的可能，使制成品的产量达到新水平。基础统计技术同样也在消费者研究中达到了新的可信度和经济水平，消费者研究使人了解某产品的消费者和非消费者的喜好。

我希望今天下午能让你们记住以下四个要点。第一，必须先约束统计技术，然后再运用于工作中。统计技术像大山里的水能一样，已经存在了几百年，只有当水流经涡轮机产生电，水才发挥作用。统计学家已经以统计理论的形式创造了巨大的国际能量仓库，除非有机会，否则这些理论无法在工业中发挥作用。必须将下面两个目的结合在一起：①高管们学习使用统计技术；②统计专家们学习如何将他们的知识用于工业利益。管理者不必懂统计理论：他只要知道这个理论能为他做什么。他能做到这点，就像他已经学会了如何使用电器或机械工具而不必是电动力学、冶金学和物理化学方面的专家那样。

第二，市场研究和产品设计之间必须要有联系，但很多行业高管并不欣赏这点。在国内、国际市场销售的产品的质量和设计不是静止不变的，而是取决于下一年消费者的喜好。消费者的喜好是变量：一直在变化，但可以通过优秀的广告引导消费者的喜好，并以优异的产品做支撑。

公司的商业调查部门了解消费者和非消费者对本公司产品以及竞争产品的喜好并不够，工厂的负责人采用最好的技术、统计或其他方法，高效生产出高度一致的产品也不够。工厂生产的产品可能有质量错误和产品设计错误。

必须将消费者研究与产品的设计和再设计结合起来，这是高管们的职责，他们要将消费者研究和产品设计组织在一起，以便生产出的产品能占领最大市场。

第三，如果要生产更多人买得起的产品并能保护私营企业，唯一安全和确定的道路是消费者研究和有效生产，这是不可逃避的事实。对于日本而言，他们最确定的道路是分享世界市场。

日本工业已经向世界证明，在原材料和机器缺乏的地方，统计技术发挥了它们最大的作用。记住，在不增加原材料、机器或场地的情况下，生产率提高 10%相当于发现了巨大的新国家资源，如新的铜矿带、新煤矿带。

我要说的第四点是，我认为，日本制造商和统计专家的成功大部分源于“日本科学家和工程师联合会”提供的无人能及的教育。根据我最直接的了解，“日本科学家和工程师联合会”可以说是独一无二的；没有其他哪个国家有这样重要的传播知识的工具。这个联合会领导人、我的好朋友石川先生和小柳先生，以及其他帮助指导这个联合会的人的远见卓识无法被低估。其他国家拥有同样的知识，但没有像日本那样将这些知识传播给科学家、工程师和高层管理人员。

摘自日本第五届戴明奖颁奖大会发言

1955年11月25日

商学院应该教什么？

商学院应该教什么？我认为这个问题的答案是：商学院应该教渊博的知识，作为一个系统来教。商学院有责任为学生的将来做准备，而不是为过去。目前，大多数商学院教学生的是商业的运作、如何保留现在的管理系统，并使它永垂不朽——确切地说，现在的管理系统不是我们需要的。学生们在商学院花大部分时间学习技巧，而不是知识。

商学院有义务培养学生领导未来的转型，转型将帮助平衡我们的贸易和经济。商学院有责任教渊博的知识，作为一个系统来教。

当然，商学院的课程表上应该有选修课，如语言（两年或以上）、历史、物理、化学、生物、地理、人类学、经济学。有的学生可能希望选修课中多一些统计理论方面的课程，如可信度统计理论和失败统计理论，或者心理学课和知识理论方面的课。

工程学院是否设立统计系？工程师需要懂系统和渊博的知识，以便他们能最大限度发挥他们工程方面知识的优势。这番话同时也适用于统计系。

摘自某会议宣读的文章

日本大阪管理科学研究所

1989年7月24日

THE ESSENTIAL DEMING

戴明具有识别重要思想以及伟大思想家的天赋。20 世纪 30 年代，在农业部研究生院的组织下，他邀请了许多用统计学思考的人去那里做讲座。1938 年沃特·休哈特博士应邀做了四个讲座。戴明做了大量的笔记，他把这些笔记和休哈特本人的演讲笔记结合在一起，编撰了一本小书，书名叫《质量控制中的统计方法》。这本书最初由农业部研究生院于 1939 出版。1986 年，多佛公司再版。在再版前言里，戴明总结了书中阐述的一些重要原则：

任何结论或声明，如果可以在科学或工业中使用，必须能增加理性预测的可信度。读者可能会思考这个事实：做实验的唯一原因是改进程序，以便提高下一轮或下一年产品的质量或产量。科学和工业中的重要问题是如何以及在什么条件下观察结果能促使人们做出改变或不改变某一程序的理性决定，以达到改善的目的。观察记录必须相应地包含任何人做出自己预测必需的所有信息。

信息不仅是数字，还应该有其他内容，例如观察者的名字、所使用的仪器或测量系统的类型、使用材料的描述、温度和湿度、为减少错误而采取的措施描述、副作用和其他根据该领域专家的判断有助于结果使用的其他外部因素。

从预测的目的来看（比如制订计划），省略根据观察的先后顺序而获得的数据中的信息（如测试或生产）可能会埋没测试中的所有信息，任何对称函数丢失了包含在观察顺序中的信息。因此，平均值，即标准差——实际上在任何时候——在大多数应用中都是无效的，因为它导致了包含在观察顺序中的所有信息的丢失。分布是对称函数的另一个例子。生产中产生的源数据可能提供的数据比分布中包含的数据多得多。

休哈特博士非常清楚地意识到，显著性水平不能衡量预测的可信度。概率有用，显著性测试没用，任何事物没有真正的价值。相反，用主要的或理想的计算或测量方法得出的数据，可能被作为标准接受，除非该领域的专家们用其他测量方法或其他数据取而代之。光速没有真正的价值；某区域（如底特律）的居住人数没有真正的价值。底特律居住人数的计算取决于运算所采用的方法，重复试验或再次计算将表现出差异，改变测量光速的方法将产生新的结果。

上述这一切已经为几代人熟知，休哈特博士在这本书中展示的是这些原则在科学和产业中的重要性，无论是制造业，还是服务业，包括政府部门的服务。产业的要求比纯科学的要求要精确得多。

许多人对科学、文学和艺术做出了贡献，与此一样，休哈特博士最为著名的贡献是他的控制图，但这只是他巨大贡献中极其微小的一部分。仅控制图一项足以让他流芳百世（尽管因为老师和书本对控制图理解不够，许多学生的实际应用错误，甚至做出害大于益的事）。事实是：控制图真正能做出巨大贡献的一些领域到目前为止还只是被部分探索，例如应用于监管、管理、测量系统，包括标准化和工具的使用、试验样板、化学物与合成物的标准样品。

控制图的一大贡献是用理性方法将变异分为两大来源：①系统本身（休哈特博士称之为“机遇原因”），这是管理层的责任范畴；②“非机遇原因”，戴明称之为“特殊原因”，特指某些转瞬即逝的事件，通常能被专家发现和排除。当某程序不再受特殊原因干扰时，该程序处于统计控制。统计控制中操作程序的运作状况可以预计。

除非是统计控制，否则某操作程序不具有可测量的能力。某种工具没有可以确定的精度，除非用它进行的观察显示出稳定的统计控制。如果不是统计控制，采用两种工具得到的结果不能进行有意义的比较。统计控制是短暂的，必须做运行记录，用以判断统计控制状态是否仍然存在。

每个观察结果，无论是数字还是其他形式，都受制于差异，而且差异中有可用的信息。对于任何所谓的物理内容的数值计算、任何一次计算或某过程中任何特性的检测，最可能接近的方法是统计控制中的测量系统得出的结果。

该领域的专家负责测试数据的使用。

在文科、科学和产业中全面展示休哈特博士做出的贡献可能还需要半个世纪。

摘自戴明为沃特·休哈特的《质量控制中的统计方法》撰写的
再版前言
首版出版于 1939 年
1986 年 6 月

第四章

没有速成布丁

戴明的管理 14 点

THE ESSENTIAL DEMING

戴明常说，改变公司的管理不是速成布丁。他说，即使在经营得最好的公司，转型也要花 5 年到 10 年的时间。戴明提供了 14 点公司可以开始转型的特殊方法，没有任何一点是速成法。

尽管戴明的 14 点管理方法先于知识系统的写作，他后来说 14 点是从“渊博的知识体系”中剪切出来的。许多管理人员发现这些原则很有益，因为这 14 点都是他们能采取的明确的、毫不含糊的措施。

在这一章，按照戴明 1986 年出版的《转危为安》中的表述介绍了 14 点方法，戴明在《转危为安》中做了详细的说明。读者可能发现，戴明在多年的文章中对 14 点的表述有所不同，那是因为他想把这 14 点解释得更清楚，无论在本书出版前，还是出版之后。我偶尔摘录一些戴明在其他地方谈到这 14 点时的评论。没有同等对待每一点，戴明本人对有些方法写得多，有些方法写得少。第四点（不要只是根据价格来做生意）论述得很详细，占这章的 25%。我相信客户、学术界和研讨班学员向戴明提出的有关第四点的问题最多。因此，就这个话题，戴明写得比其他任何话题的内容多得多。

14点是美国商业和工业转型的基础，不只是用于解决大小不一的问题。采纳14点，并根据它们采取行动是一个信号，表示管理者决心要把生意继续做下去，目的是保护投资人的利益和就业机会。

14点在任何地方都适用，不论机构大小，从服务业到制造业。也适用于公司内部的部门。这14个要点告诉高层管理者，他们必须做什么。①

在这里我们学习管理者必须做什么，这是我们为什么来这里的原因。这个研讨班讨论的是管理者在提高质量、生产率和竞争地位方面的责任。我把他们的责任归纳为14点，这14点需要采取行动。不久前，一名女性对我说："我们有高管的支持。"我说，等一下，打住。你要得到的不只是支持，支持不会自己去实现，你需要高管们采取实际的行动。②

这14点来自经验，只为了尽量发挥作用，能觉察到其他人觉察不到的问题。显而易见，生活成本或必要的生活支出与一定量的钱可以买到的东西成反比。学校就能学到这些。用钱买什么取决于质量（可获得的质量）以及价格。③

下面就是管理必须采取的14个步骤：有着重号的问题是我提出来的，答案部分是戴明的观点。

第一点

制订改进产品和服务的长久目标，以使企业保持竞争力，确保企业的生存和发展，并提供工作机会。

认为有效生产产品或/和服务就一定能保证企业的经营，这种想法是

① 摘自"美国管理的转型"，1987年1月发表于《卓越经理人》杂志。

② 摘自1981年给CEO们做的演讲报告，题目是"质量改善，为什么生产率会随之提高"。

③ 摘自1981年3月在麻省理工学院继续教育服务中心的演讲报告，题目是"管理必须采取的14个步骤"。

错误的。必须生产有市场的产品，必须开发市场。这需要资源。①

全公司目标一致，将目标定为质量、生产率和服务，并机智而坚毅地追求这个目标，这样的公司才有机会继续生存。其他一些公司也会存在，是的，我知道。达尔文的适者生存，不适者不生存法则同样适用于自由企业，因为它也要接受大自然的筛选。在自由企业中，你有权利犯错误。为此得到的惩罚是稍微受到一些挫折、很大挫折，也可能是严重惩罚。现在我们谈谈障碍问题。阻碍了什么？为什么不消除？好吧，它妨碍了什么？有哪些障碍？②

主要障碍是不能保持目标的一致性，你说是不是？难道你不这么认为吗？制订一致的目标。有人问我："怎么做？"嗯，我不知道怎么做，这由公司决定。如果做不到，公司会出现问题，这个问题可能会导致严重的后果。太多美国公司的经营模式都是季度分红，董事会聘请总裁就是为了这个目的。总裁实现了这个目的，转到另一个公司做同样的事。他将两个公司都毁了。即使高管们宣布，目标一致，这话有多少可信度还需要花点儿时间观察。

怎样做到这一点？

资源分配时应考虑长期规划，即将来的计划，全部都要考虑。寻找未来能帮助人们在物质上生活得更好而且有市场的新服务和新产品。人不可能总预见到什么产品有市场，我没有诀窍。需要有新材料，必须经过测试，在生产和服务中试用过。需要考虑成本，生产方法要变，设备要换。每天都会有新技术出现。要对工作人员进行培训和再培训，培训监管人

① 摘自1981年3月在麻省理工学院继续教育服务中心的演讲报告，题目是"管理必须采取的14个步骤"。

② 摘自1992年在CEO研讨班的演讲报告，题目是"质量、生产率和竞争地位"。

员。营销成本、服务计划、服务成本，当然需要资金，资金要足以支付新服务和新产品的引进过程。

需要考虑：产品在用户手中的表现、用户的满意度、他将如何使用这个产品、如何使用这项服务、他会不会用、他可能会怎样错误地使用这个产品和服务。革新的一项要求是要相信还有未来。当然会有将来。唯一的一个问题是，谁能最终经受住这一切？除非将保持目标一致这项政策作为制度遵守，否则中层管理、高层管理、公司的每个人都会有疑义。必须对研究投入资源、对教育投入资源。这要花很多钱。①

消费者是生产线最重要的一端。如果没有消费者，谁买你的产品或使用你的服务？企业可能要关门歇业，彻底关门。②分配资源要满足公司和顾客的长期需要。③

为什么？

与公司今后 5 年、10 年或 20 年的继续存在相比，下一季度的红利没那么重要。革新的一个要求是相信有未来。

有什么办法能做到？

1. 投入资源，计划未来的产品和服务，考虑如下因素：

★ 可能的材料、适用性、可能的成本。

★ 生产方法、可能更换的设备。

★ 要求的新技术，以及新技术的数量。

① 摘自 1981 年 3 月在麻省理工学院继续教育服务中心的演讲报告，题目是“管理必须采取的 14 个步骤”。

② 摘自 1981 年 3 月在麻省理工学院继续教育服务中心的演讲报告，题目是“管理必须采取的 14 个步骤”。

③ 摘自《新经济时代的管理义务》，大约 1981 年出版。

★ 人员的培训和再培训。

★ 监管人员的培训。

★ 生产成本。

★ 产品在用户手中的性能。

★ 用户的满意度。

2. 在教育中投入资源。

3. 投入资源维护设备、家具、支架设备、办公室和工厂需要的新生产辅助设备。

4. 密切关注消费者的未来需求。了解消费者如何使用该产品、如何相应改进测试。

5. 认为现在在产品和服务中采用的统计质量技术一定能保证公司具有偿债能力，在竞争中处于领先地位，这种想法是错误的。

6. 生产错误的产品或提供错误的服务，企业可能因此破产，实际上很容易破产，即使公司的每一个人都尽职尽责，采用了统计方法和任何其他能提高效率的辅助措施。

7. 革新产生新改善的服务。

例如：

★ 银行新的不同存款方案。

★ 经纪人、保险公司和信贷机构提供的金融服务。

★ 车上就餐。

★ 门诊所的日间护理。

★ 租车是服务业的一个例子，几年前不存在。

★ 美国邮局新增的快递业务。

★ 城际间和同城信使服务是一个正在发展的产业，随着美国邮局的失败而繁荣。

★ 西联的邮递电报是另一个例子。①

在此建议任何机构的目标是要每个人都能获利，这只是我个人的想法，没有逼迫任何人接受。从长远来看，每个人都获利：股东、雇员、供应商、消费者、社区、环境。例如，在雇员方面，目标可以是为他们提供好的管理、培训和教育机会、进一步发展的机会，以及工作的快乐和生活的质量。②

第二点

接受新理念。在一个新经济时代，管理者必须意识到自己的责任，直面挑战，领导变革。

新理念：恐怕在许多美国产业中，这都是新的。服务的可靠性是重要的质量特征，可靠的服务减少成本，迟延或错误增加成本。预计会发生延误时，必须有替代计划。许多美国工业都安装了平行生产线，即一条类似的生产线。看看它的成本。我想这样做可能是为了提供可靠的产品、可靠的部件、可靠的服务和运输。如果一条生产线不能运转，不需要有其他替代方案。③

哪里错了？我们的生活不能再接受过去通常能接受的错误、瑕疵、不合适的材料、设备故障、在岗人员不知道自己的工作是什么且害怕问；操作损坏；管理者不懂使用中的产品问题、岗位培训方法过时、不适当的无

① 摘自《新经济时代的管理义务》，大约 1981 年出版。

② 摘自 1981 年给 CEO 们做的演讲报告，题目是“质量改善，为什么生产率会随之提高”。

③ 摘自 1981 年 3 月在麻省理工学院继续教育服务中心的演讲报告，题目是“管理必须采取的 14 个步骤”。

效的监管。

将缺陷材料和不良工艺作为一种生活方式接受是提高质量和生产率最大的路障之一。20 世纪 50 年代的日本面临过这个问题。①

我们再也不能接受普通程度的错误、瑕疵、什么都延误、没有任何事情是对的，再也不能把这些当作一种生活来接受。②

服务的可靠性是重要的质量特征，可靠的服务减少成本，迟延或错误增加成本。预计会发生延误时，必须有替代计划。美国许多工业在某地有一条生产线，然后再安装一条平行生产线，一条类似的生产线。看看它的成本。想想这里的经济可能来自比如可靠的产品、可靠的部件、可靠的服务和运输，如果一条生产线不能运转，不必制订替代方案。③

想想生活支出中的浪费，如果没有浪费，用同样多的钱能买到多少东西。我的朋友费根堡姆博士不久前发表了一篇文章，在这篇文章中，他根据大量的经验估计，美国生产的任何产品的 10%~40%的制造成本属于不必要的浪费。④

植入性浪费举例：一个朋友告诉我他的割草机的事。他说，实际上他上周才新买的。他发动割草机，马达起火了。好吧，先灭火，然后拿回到西尔斯·罗巴克公司。经理看了看割草机，原因是装错了马达。这只是类似事情中的一件，再平常不过了。没问题，给他换个全新的。我不知道这

① 摘自《新经济时代的管理义务》，大约 1981 年出版。

② 摘自 1981 年 3 月在麻省理工学院继续教育服务中心的演讲报告，题目是“管理必须采取的 14 个步骤”。

③ 摘自 1981 年 3 月在麻省理工学院继续教育服务中心的演讲报告，题目是“管理必须采取的 14 个步骤”。

④ 摘自 1981 年 3 月在麻省理工学院继续教育服务中心的演讲报告，题目是“管理必须采取的 14 个步骤”。

里的损失需要多久才能弥补。[1]

服务产业的例子：

我在日本旅行时：

17:25，离开多久市；

19:23，到达博多，转火车；

19:24，离开博多；

21:20，到达大阪。

一分钟转火车。没问题，没有预备方案。为什么需要预防方案？只需一个方案，不要两个或三个方案，想想这样多好。[2]

到货有瑕疵：两周前，我到访一家工厂。工厂很大，是个不错的工厂。我听他们谈及一些来料问题。运到的货物，不只是瑕疵问题，实际上，有些货物可能100%合格，但存在粗心大意。他们收到一个仪表板，要把它安装在一个有四个孔的物品上；但仪表板只有三个孔。第四个孔在哪儿？件数是对的，那包货是100个仪表板，但有些仪表板只有三个孔。

可以相信，任何事情都有可能发生。某制造商需要货物，货物送到了，这个货物原本是要发给另外一个公司的。他不能用。对他来说，这不对。或者他不会使用这批货，因为这批货原本是要发给一个竞争对手的。要是他的

① 摘自1981年3月在麻省理工学院继续教育服务中心的演讲报告，题目是“管理必须采取的14个步骤”。

② 摘自1981年3月在麻省理工学院继续教育服务中心的演讲报告，题目是“管理必须采取的14个步骤”。

竞争对手和他都需要那批货呢？也许这两个公司都不得不停工，什么？一天？一天不行。首先，得通过卖家，让他来处理这个问题，即使卖家马不停蹄、一路奔跑，至少也需要一天换货。与此同时，其他那些人在做什么呢？

如果他们需要存货——感谢上帝，他们不需要——因为有存货，没到货他们也能维持一两天。当然，这是困扰美国工业的魔咒之一。他们需要大量库存，因为瑕疵品或问题物品太多。必须存很多物品，希望能用到其中的一些存货。①

发生在飞机上的一个例子：飞机上，我常常发现座位僵硬，不能调整，或者后仰（不管怎么弄，就是不能固定在任何位置上）——往后倒在后排座的人的大腿上，肯定让后排的人非常不舒服。不久前我就有过这样的经历，座位不能调，任何一天都有可能发生这种事，或许每两次、四次旅行就会遇到一次。到达目的地的时候，我问那个帮我推座椅，想帮我把座位调整一下的乘务员："像这样的小东西出了毛病，你们有没有任何汇报机制？""噢，有的，机械师会把所有这样的事情填写一份报告，飞机停的时候，有人处理这事。对了，非常感谢你提醒我座位的事。"

也许我不该告诉乘务员。把这叫作汇报机制？那姑娘还有其他的职责，报告座椅出了问题或灯不亮了这样的事对于她来说是非常小的小事。

第三点

不要将质量依赖于检验。要从一开始就将质量渗透或融入产品，从而消除检验的必要。

---

① 摘自 1981 年 3 月在麻省理工学院继续教育服务中心的演讲报告，题目是"管理必须采取的 14 个步骤"。

为什么？因为检验不能提高质量。[①]

为什么不能？质量已经摆在那儿了，检验只会增加成本。如果说有必要检验，只说明有人不知道怎样做自己的工作。必须检查。200%的检验意味着没人做他的工作，100%的检验也是一样。我生产了某件产品，这里的吉姆会检验它，我对他非常有信心，所以，如果我出了错，我想他能找出我的问题，那是他的工作，我不用负全部责任。吉姆觉得我工作很认真，所以他只是偶尔检验一下我的产品。全都没问题，这样的概率很大，不需要非常仔细检查，因为大部分都没问题。我的产品有瑕疵，而他又漏检，他认为发生这样的事情的概率非常小。就这样，我俩都没有尽到自己的工作职责。[②]

生产质量依赖最后检验，这是全世界的魔咒，但并不是每个地方都这样。日本更了解这个问题，1950 年以及之后 19 次去日本，我告诉过他们，检验不能提高质量；质量已经存在和定型了。[③]

有一次，我在和一个合作公司的人交谈。这家公司有很多工厂，其中一个厂生产男士套装。每套衣服都要经过 200%的检验。100%还不够，他们必须确保质量。卖衣服的零售商把衣服挂在衣架上，瞧，多漂亮的衣服呀，但是没有扣子，没有扣子。好吧，这不是什么灾难性的问题，每个人都笑了。[④]

有些事故不那么可乐。但即使有 200%的检验，这样的事情还是会发

① 摘自 1981 年 3 月在麻省理工学院继续教育服务中心的演讲报告，题目是“管理必须采取的 14 个步骤”。

② 摘自 1981 年 3 月在麻省理工学院继续教育服务中心的演讲报告，题目是“管理必须采取的 14 个步骤”。

③ 摘自 1992 年在 CEO 研讨班的演讲报告，题目是“质量、生产率和竞争地位”。

④ 摘自 1992 年在 CEO 研讨班的演讲报告，题目是“质量、生产率和竞争地位”。

生。没人尽到自己的工作职责。检验员彼此没有统一的意见，机器生产出来的产品也不一样。①

从不检验吗？必须要检验，而且一直要检验。即使做控制图，我们也要求测试。需要知道做什么测试，做几次。有些设备维护的测试一定要一直做。大规模检验的时代已经结束，优良品质必须植入产品。

应该做什么？明确告诉卖家他们必须知道的关键部件，采用过程控制。采购员必须学习质量的统计控制，必须在这个新理念指导下工作：正确的质量必须植入产品，不要依赖检验。操作过程的统计控制是供应商将质量植入产品的唯一办法，也是向购买者证明产品质量始终如一和产品生产成本的唯一方法。

另外一个例子：我在一个工厂观察这些优秀的工人怎样迅速地工作。一群人聚集在我周围，一名女性问我："为什么我们要花这么多时间把这些塑料盘子弄平整？"她还说，这些盘子进厂的时候变了形，我们必须先把它们弄平，才能进行加工。（戴明说：）"难道你们不能把它们弄平吗？"可以，但是需要时间，干扰了我们的工作。她说，她觉得这些盘子生产出来的时候非常完美，但是被塞进了一个个的箱子，到处扔来扔去，当这群人拿到这些盘子时，它们已变形了。在场的其他人都点头表示同意。

我对她说，这是什么问题？你把盘子抚平是拿了薪水的。工人们说，我们花了这么多时间把盘子弄平，这干扰了我们的工作。（薪水和这件事没有关系。）况且管理人员检验过。我生平从来没见过这么多检验，哪儿

① 摘自1992年在CEO研讨班的演讲报告，题目是"质量、生产率和竞争地位"。

都没见过，从来没有。①

没必要的检验花多少钱？

在设备投资上花了多少？我问经理，你们花了多少钱购买仪表、记录设备、计算机和打印报告需要的设备？②

付了多少工资？我说工资表上多少钱用于检验？回答说：55%~60%。我说，这是一笔很大的数目。嗯，是的，但我们必须确保我们产品的质量。

这等于承认了他们不知道质量是什么。他们企图通过检验生产质量，不知道那些盘子进厂的时候就变形了。那位抱怨这件事的女性，她和那群围着我的人比管理人员意识先进，他们知道管理者们应该知道、应该纠正的问题。投入这么多财力和人力检验、记录数字，却不知道工厂里发生了什么？③

第四点

不要只是根据价格来做生意，要着眼于总成本最低。要立足于长期的忠诚和信任，最终做到一种物品只同一个供应商打交道。

跟出价最低的人做生意，这样的经营政策的成本是多少？需要进行多

① 摘自1981年3月在麻省理工学院继续教育服务中心的演讲报告，题目是“管理必须采取的14个步骤”。

② 摘自1981年3月在麻省理工学院继续教育服务中心的演讲报告，题目是“管理必须采取的14个步骤”。

③ 摘自1981年3月在麻省理工学院继续教育服务中心的演讲报告，题目是“管理必须采取的14个步骤”。

少教育才能学会跟出价最低的人做生意？这里有两个数字：

778 美元/千个 (报价人 A)

762 美元/千个 (报价人 B)

B 的报价比 A 的报价低，得出这么神奇的结论需要多少教育？你知道，甚至都不需要计算，一眼就能看出 B 的价格比 A 的价格低，所需的全部教育就是发现谁的报价最低。

根据这样的标准做买卖的日子结束了。必须考虑质量，不了解质量就没有价格。这不是什么新思维，每个人都知道。①

什么问题？目前，大多数采购员不知道在那些供货商中，哪个是合格的供货商。②

应该怎么做？采购员必须具有足够的统计质量控制知识，才能评估供货商的资格，并能够用统计语言和他交流。③

有些供应商已经成为合格的供应商，值得推荐。某些供应商追踪他们产品在买家生产线上的使用结果，便于了解出现的问题，并采取措施，尽可能避免将来出现问题。

必须学习程序控制，只有用统计数字证明，才可以知道卖家能生产什么。每个公司都有供货商规则手册，有团队检查供货商，确保他们能生产

① 摘自 1981 年 3 月在麻省理工学院继续教育服务中心的演讲报告，题目是“管理必须采取的 14 个步骤”。

② 摘自《新经济时代的管理义务》，大约 1981 年出版。

③ 摘自《新经济时代的管理义务》，大约 1981 年出版。

优质产品。两周前，我对一个公司的人说："这个手册这么厚……"

"用多久了？"

"13年。"

"效果怎么样？"

"完全没用，我们必须按别的方法做。"

当然，手册上没有任何衡量质量的标准，完全没什么用。采购人员，整个采购部的人有新职责，三周都学不完。他们必须学习程序控制——统计方法。他们必须学习如何购买在离开卖家仓库大门之前货物质量一目了然的产品。

卖家如果能够提供统计图表，那么他知道明天、后天的产品质量。他知道他的成本，那些成本是那个系统中的最低成本。还可以以其他方式做生意吗？可能有人会说，我们现在就是用其他方法做生意，但那样的日子结束了。

购买最低价格的货物，不考虑质量，没有比这更好的受骗上当的方法了。美国产业被骗，政府被骗。考虑质量需要教育、项目、经验。学习用法语交谈，需要经过一定的时间才能做到。

还没有开始这么做的公司怎么办？给采购员们5年的时间学习足够的统计控制质量方面的知识，不要购买依赖检验的供货商的货，找新的供货商，并说服他们学习，以便他们能提供货物的质量证据。这项工作需要5年才能完成，然后呢，当然，再重新开始。花5年时间，削减供货商的数量，只保留那些能提供质量证明的公司。不能现在立刻停止生产，当一切准备就绪时（5年或6年），再从头开始。必须让公司继续经营，继续向前走，做上述调整，需要多长时间？5年。①

① 摘自1992年在CEO研讨班的演讲报告，题目是"质量、生产率和竞争地位"。

我合作的一个公司正努力将他们供货商的数量从4000个减少到800个，他们准备用5年。我觉得没有5年不可能完成这么多的事。需要教的东西很多，在公司内部以及供货商所在地要学的东西很多，摆在美国产业面前的是一条漫长的荆棘路。多久？10年到30年，最后达到什么结果？公认的竞争地位。①

签合同的例子。我从某合同草案中抄了下面几句话：本合同授予责任报价方，要求其报价对政府最有利，需要考虑价格和其他因素。这是第一段。我跳到第二段：保留接受非最低报价或拒绝任何/所有报价的权利。②

听上去好极了，只有一点小小的麻烦。实施合同的人必须知道质量是什么、知道怎样衡量。他必须懂过程控制、与成本的关系，与明天、下周、下下周的稳定发展关系，而且还要知道，除非供货商的管理者改善系统，使系统不断完善，否则质量和成本将原地踏步。

我合作的那些公司让他们的采购员们上课，有时20人，有时50人，有时100多人，不是大家一起上课，而是一次10人、一次20人，上多种课。于是，这些采购员们有了经验。

另外一件事：材料和部件可能全都非常好。一个部件本身可能很精良，但在生产或在成品中的使用效果不怎么好。因此，必须跟踪它的整个生产过程，从材料到局部装配、安装，再到消费者的使用。政府调节机构似乎不知道，肯定完全忽视了这点。所以许多工作人员以为，所需要的一切就是好的部件，把它们组合起来，于是就可以了。其实并非如此，必须有互相兼容的部件，看起来很简单。

① 摘自1992年在CEO研讨班的演讲报告，题目是“质量、生产率和竞争地位”。
② 摘自1981年3月在麻省理工学院继续教育服务中心的演讲报告，题目是“管理必须采取的14个步骤”。

例如，往芝加哥打个长途电话。多少人知道，为了打这个电话，可能需要几百万个部件合作完成，让这些部件一起合作，所有那个系统不仅是由好的部件构成，这些部件必须合作非常好；是的，好部件，但必须合作良好。电话系统的这些部件合作很好。有很多办法提高进料的质量，这意味着必须和那些能提供质量证明的供货商做生意，证明他们知道自己在做什么，证明他们的成本，证明他们明天和下周能以相同的成本生产同样的产品。

我希望他们将不断改善，是的，但这可能意味着管理人员用系统进行干预，目的是改善。在许多情况下（可能大多数情况都是这样），公司只能找到一个合格的供货商，仅一个，问题是要找到这一个供货商，只有先找到一个才会谈两个。我不知道这是谁的观点，但是为了找到两个供货商，必须先找到一个。问题是如何找到一个既能提供货物，又能提供质量证明的好供货商。如果不知道买的是什么，为什么要买这些货物。只有一个办法知道你要买的东西是什么，那就是随货附带的证明，具体有形的证明，例如，以 X 条线图和 R 图表的形式。

如果不知道这些是什么，没关系，你可以学。重要的是要知道这些东西的存在，而且必须使用，这很重要。我再问一遍：如果不知道你买的是什么，而且没有证据证明你买的是什么，你为什么要买这些货。硬件吗？噢，是的，公司购买的一半货物可能是有标准质量或根据 ASTM（美国材料与试验协会）规范生产的硬件或材料，也可能公司采购的 50%（或许 55%）的货物只是硬件。没问题，实际上，你买的很多东西每天都在促销，芝加哥市场的价格固定不变。好吧，不要没事找事。

硬件是硬件，但涉及的部件必须正确。现在解释一下购买非硬件材料的问题。采纳这项政策的公司会跟供应商合作，供应商会找到他们自己的老师，不要问我去哪里找他们，他的员工会知道。这是一个连锁反应，给你提供原材料的供货商把货卖给你的竞争对手，也卖给其他人。你在帮助供货商改善的同时，也帮助全美国产业的改善，任何人努力改善的结果是每个人都获利。①

我们应该期待什么？这项要求将不可避免地导致公司供应商数量的大幅度减少。如果能找到一个能提供质量统计证明的供应商，这个公司很幸运。竞争自动调节质量和价格这条理论不适合当今对产品一致性和可靠性的要求。如果没有适当的措施衡量所购产品的质量，价格没有意义。没有合适的质量衡量标准，买卖落到最低报价人的手里，结果是质量低下和不可避免的高成本。跟最低报价人签合同，美国产业和美国政府都被这条规则欺骗了。②

谁的错？把生意交给最低出价人做，采购员没有错；寻找更多投标，希望找到更好的价格，他们也没错。那是给他们下达的命令，只有高层管理才能改变他们的方向。③

例子一：一家美国汽车制造商现在可能有 2500 个供应商，一家日本汽车公司可能有 380 个。迅速并果断削减美国制造业供应商的数量已经在实施。招标要求通常有一条是这样写的：同时考虑质量和价格，也就是说，不必将合同授予最低报价人。如果没有衡量质量的标尺，这样的条款毫无意义。买家和他的采购员通常缺乏这样的标尺，他们只是最低报价人

① 摘自 1981 年 3 月在麻省理工学院继续教育服务中心的演讲报告，题目是“管理必须采取的 14 个步骤”。

② 摘自《新经济时代的管理义务》，大约 1981 年出版。

③ 摘自《新经济时代的管理义务》，大约 1981 年出版。

掠夺的对象。①

例子二：一个恶名昭著的例子是寻找专业人士的帮助，合同授予最低报价人。案例（真实的，来自政府代理机构）：给监督人员上质量控制管理课，或评估这门课。根据价格下达命令。

考虑几种不同的世界

这里我们要考虑几种世界。任何定理在它自己的世界都是正确的，但我们处于哪个世界？我们和下面的哪个世界有接触？

第一种世界

1. 客户知道自己要什么，他能以规格或其他描述向供应商转达自己的需求。
2. 支付的价格是唯一要考虑的成本：不涉及其他成本。
3. 几个供应商都能毫无异议地满足要求，全都不相上下、势均力敌。
4. 这几个供应商之间唯一的不同是报价，其中一个价格最低，包括运费和合作成本。
5. 顾客对他们之中的任何一方都没有疑虑或偏见。

在这个世界里，不跟出价最低的人做生意是傻瓜。

有时，我们会处于这种世界。一个很常见的例子是袋装食品。在附近三家杂货店中，一家售价最低。他会得到这笔生意。

① 摘自《新经济时代的管理义务》，大约 1981 年出版。

第二种世界

1. 客户知道自己要什么，他能以规格或其他描述等形式向供应商转达自己的需求。
2. 几个供应商或批发商都能毫无异议地提供所说的材料。
4. 他们的报价全都一样。
5. 然而，其中一个能比其他人提供更好的服务。他有详细的目录或能够获得详细的目录。他送货可靠，如果他说这个星期四下午3点送材料，他就会在这个星期四送到，而不是其他星期四。材料用适当的运输车送到了，车很干净。他会让一个人站在客户的接收平台上，建议客户怎样卸材料、怎样存放，告诉客户操作的时候是否有损坏的风险，是否有可能变形，是否会因为温度、湿度或堆放方式不正确而导致物品老化。

在第二个世界里，客户愿意跟那个提供最好服务的批发商做生意。

有可能属于这种情况的例子是买糖。没人在意是哪个公司生产的糖，糖就是糖，不管谁生产的，也不管谁卖；99.8%的糖是蔗糖，剩下的0.2%是其他种类的糖。6个批发商全都是一样的报价，都是这个小时内商品交易市场公布的价格。

第三种世界

1. 类似于第一个世界，但客户会听听供应商的意见，也许要考虑改变一些规格。
2. 支付的价格不是唯一的成本，也有其他成本：使用费、预计材料在制造过程中的使用效果而发生的费用，还要考虑出厂的最终质量。

3. 几个供应商报价，价格全都不同，其他方面也不一样。其中一个或多个供应商关心每次送货的量、货物需求的变化，以及从订货到送货的时间间隔允许有多少天。其中一个或多个供应商会建议做长期安排，目的是跟踪材料在客户的制造以及以后不同阶段的使用情况(当然是局部装配)，可能不时要做一些小小的修改，经双方共同的努力，最终结果可能提高性能、降低客户的总体成本。

客户的最终目的是不断提高质量、降低成本。明智地减少供应商的数量，任何一件物品都签订长期合同，这样可能更有优势。

选择也许有困难。开始的时候，聪明的客户会把生意分给两个或三个供应商，以便做进一步的考察。

这里我们暂停一下，回忆现实生活中的几个事实。值得考虑的是任何一个供应商都拥有该产品的特殊知识——比客户希望的还多，即使客户是该产品的使用者。

客户和供应商形成一个系统是件好事，在优化的基础上，每个人都赢。但合作是条双向街道，顾客能履行他的义务吗？顾客几乎不知道怎样和一个供应商合作，对任何一种货物，他都会千方百计地从两个供货商那里购买。两个供应商都对他不忠，每个人心里都打着自己的小算盘。因此，从几个供应商购买同一种货会使自己处于劣势。

另一点是供应商必须确保和客户建立长期合作关系，目的是为优化系统贡献自己的一分力量。一年合同，几乎没有时间让供应商整理自己的房子，合同结束时，他跟你的竞争对手合作去了。

从几个供应商购买同一种货物，和他们一起优化系统。说起来不错，但即使有长期合同，也只是纸上谈兵。

选择唯一一个供应商，主要应该考虑什么？他有足够的生产能力吗？如果没有，他不可能想成为你唯一的供应商。两个或两个以上供应商满负荷生产的事例不多见，但我见过的有6个。

不建议突然一下子将供应商数量减少到一个，有风险，要慢慢来，这不是能轻易建立的关系。聪明的客户会考虑备选对象的许多特征，例如：

> 他以往的业绩记录。
>
> 产量和能力是否能满足需求。
>
> 是否采用新理念管理。
>
> 劳动管理关系。
>
> 管理突然变动。
>
> 在培训上花多少钱、在教育上花多少钱。
>
> 工厂的突变。
>
> 是否曾挪用退休基金。
>
> 支付银行的利息率是多少？也就是说，银行是否认为这个供应商贷款风险良好？
>
> 这个供应商和他自己的供应商关系怎么样？愉快，还是有外部摩擦？
>
> 他依赖检验确保质量吗？他是否有不断改善操作过程的机制？
>
> 顾客对这个供应商有多大重要性？顾客提供的生意只占供应商的一小部分吗？
>
> 对顾客来说，这个供应商有多大的重要性？

一个先决标准是供应商有强烈愿望与客户建立长期合作关系，供应商显然有特殊的知识作支持，想采用新理念进行管理。

如果关系变差，谁的错？大部分情况下是客户，他也是受害最重的那一方。

如果顾客和供应商都尽自己的职责优化系统，与唯一的供应商建立长期的合作关系是个明智的决定。一种物品只有一个供货商的优势：

1. 不断改善质量、设计和服务。
2. 降低、再降低成本。
3. 双方利润都提高。
4. 合作愉快并满意。

客户和供应商的责任。现在使用一个供应商的趋势很强烈，可能太强了。我担心许多人还没有明白他们的责任就盲目确立了这种关系。客户对唯一供应商负有明确的责任，他必须集中精力与供应商合作，优化他们的关系，这对客户和供应商双方可能都是一种新型关系。

到目前为止，在按价签做买卖、和多个供应商签短期合同（如一年）的体制下，竞争者们彼此查看对方。唯一供货商面临一种全新生活，他没有竞争者查看他，独自与客户交往。

客户有责任与唯一供货商合作，保持联系，共同解决问题，互相帮助。供应商的责任在交货、收货后结束，这样的时代已经结束了。

当有人要用他们的产品时，供应商的小时工去看产品的使用情况。现在这种情况很常见。我们怎样才能降低可能出现的一些问题？相反，客户的小时工们去供应商那里参观，想要了解他的问题，想帮忙。

对唯一供货商常有的恐惧：

1. 一旦有机会，他会掐你脖子，抬高价格。实际上，这种事从来没有发生过。可以肯定，供应商在成本预计时会犯一些诚实的错误——他能估计到他的代价。令人尴尬的是，他请客户帮他走出困境——要么这样，要么他没生意可做。

如果供应商掐客户的脖子，这是谁的错？是客户自己决定的供应商，这个人是那种能终生信赖并长期愉快合作的人吗？

2. 要是发生了灾难性事件怎么办——火灾、罢工、自来水总管冻爆——有人买断供应商，他不再继续做这个生意？对这个问题的回答是我们可以信赖墨菲定律。会有麻烦，希望没有麻烦的人是生活在其他某个世界。不幸的是，每种物品都用两个供应商只能确保每年发生火灾的次数是两倍，发生罢工的机会是两倍，供货商终止生意的可能性是两倍。如果要多找麻烦，就多一些供应商。

客户担心他的唯一供货商可能遭遇大灾难。过去人们采用过两种解决办法：①每种物品向两个供应商购买；②万一唯一的供应商遭遇大灾难，马上安排另外某个供应商接替。对大多数材料来说，这个想法很疯狂。首先，对于大多数材料供应商而言，灾难很快会过去，很快恢复业务。此时，新找的替代供应商可能还没来得及供货。唯一的例外是，替代供应商已经在生产类似的材料。

更好的办法是，客户向唯一供货商表达自己对可能的灾难性事件的忧虑，请他在必要情况下安排他的同行接替他的业务。

乔伊斯·奥尔西尼博士给客户提的一个建议是，当灾难发生时，请唯一供货商安排他的一个同行介入（很不幸，通知的时间短），提供所需要的材料或服务。

这很有道理，因为如果他够优秀，被选作唯一供货商，他比客户更了解他的同行们，知道他们能做什么，而且也知道同行的产品与现在供应的产品之间的差别。以上是乔伊斯·奥尔西尼博士的观点。

工程改变。如果工程改变，或者客户做出其他变动该怎么办？这可能增加供应商的成本。

供应商可能已经库存了大量的材料，客户有道德义务帮助供应商。客户要么买下这些材料，要么帮供应商把这些材料卖掉。

某铸造公司存了大量的特殊钢条，几周后得知，客户将要做改动，这些钢条成了多余的库存。客户应该把这批钢条买下来，或者帮铸造公司出售。供应商会给许多同行打电话，也许其中一家正在寻找这种钢条。处理多余库存时，相关贸易方面的杂志能起很大作用。

第五点

通过持续不断地改进生产系统和服务系统来实现质量、生产率的改善以及成本的降低。

怎么做？在任何麻烦出现的地方，用统计方法找出浪费、低生产率和质量差的源头。现场问题是什么？什么错误属于系统错误，应该由管理者负责纠正？不要依赖主观判断。①

为什么？对于毛病出在哪里这个问题，主观判断往往是错误的。在有效的地方统计方法能利用专业知识，但在危险的地方则代之以其他方法。②

培训呢？有多少做培训的人知道培训什么时候完成？只有使用统计方

① 摘自《新经济时代的管理义务》，大约 1981 年出版。
② 摘自《新经济时代的管理义务》，大约 1981 年出版。

法才能知道培训什么时候已经完成。[①]只有根据统计方法，才能知道什么时候培训还没有完成，什么时候需要进一步培训。一个人接受了培训，他的工作已经处于稳定的统计控制，用相同方法对他做进一步培训完全是无效的。有多少做培训的人知道什么时候完成了他们的工作，什么时候还没有完成？

有多少做培训的人知道，他们只有一次机会？以错误的方式错误地培训了一个人，于是，被培训的人生产瑕疵产品，或者意识不到自己的潜力。他的工作进入统计控制状态，生产瑕疵产品，就这件事，他无能为力。培训者只有一次机会，为什么不做好？必须完全重新构建监管工作。

管理必须不断改善系统，这个责任永远不会停止。

第六点

做好培训。

采用能改善系统的有效方法。人员是系统的一部分，通过让工作人员更好地了解什么能被接受，以及什么不能被接受，管理可以改善系统。系统的改善能提高机器的性能、改进生产工序和产品设计。修水泵时，不必关掉发动机、空调，以及我不知道的其他设备。如果在生产中发生这样的事情，将耗资巨大。管理工作的一部分是改善设计，不只是新产品的设计，也包括目前在产品的设计。[②]

我们应该做什么？岗位培训采用现代辅助手段。必须完全重新构建培

① 摘自 1981 年 3 月在麻省理工学院继续教育服务中心的演讲报告，题目是“管理必须采取的 14 个步骤”。

② 摘自 1981 年给 CEO 们做的演讲报告，题目是“质量改善，为什么生产率会随之提高”。

训，必须用统计方法了解培训什么时候完成，什么时候做进一步的培训会有益。①

为什么？如果一个生产工人生产了瑕疵产品，但导致瑕疵的原因处于统计控制状态，让他对这个问题负责，这样做不仅挫伤士气，而且代价高昂。实际上，他只是从碗里随便抽了几个样本而已，他不能控制随意抽取的样本中黑色珠子的颜色。只有管理者才能改变碗里黑珠子的比例。②

一个人一旦受聘、接受了培训，而且他自己的工作处于统计控制，不论工作是否令人满意，他都无法做得更好。进一步的培训对他不可能有帮助。③

如果一个人的工作不能令人满意怎么办？如果某工人在现在的工作中已经形成统计控制，但他生产的产品的质量或数量不能让人满意，最好给他更换一个截然不同的工作。④

第七点

进行领导。监管的目标应该是帮助工作人员、机器和仪器发挥更好的作用。监管的管理需要改，生产工人的监管也要改。

以前有一位领导人对公司很尽责，她手下有 7 个人。他们全都很爱她。每天她都会把她 7 个下属生产的瑕疵产品摆在桌子上，一天工作结束的最后半小时她都要和他们谈话，解释这个毛病、那个问题，她总是拿出

① 摘自《新经济时代的管理义务》，大约 1981 年出版。
② 摘自 1979 年 7 月 2 日在马尼拉的演讲报告，题目是：“质量和效率管理的新原则”。
③ 摘自《新经济时代的管理义务》，大约 1981 年出版。
④ 摘自 1979 年 7 月 2 日在马尼拉的演讲报告，题目是：“质量和效率管理的新原则”。

放大镜翻来覆去地看，每个人都在观察、学习，下决心永远不要再做出这样的产品，要对公司尽职尽责。每个人都认为她是个好领导人。知道她在做什么吗？制造问题，并保证问题永远存在。她是故意的吗？不，她只是在尽自己最大的努力，她需要帮助。①

她需要知道如何指导员工，她能学会。你明白我的意思吗？必须改善指导，找出瑕疵、研究瑕疵并不能减少瑕疵的数量。过一会儿，我们用红白珠子做一个实验，要求一次随意取出 50 个珠子全都是白色。问题是碗里既有红色的珠子，也有白色的珠子。当我们把一天抽取的珠子拿出来时，既有红色的，也有白色的，有时候 3 个，有时候 13 个，有时候 16 个，有时候 9 个。只要系统里有红珠子，在那里工作的人就会生产瑕疵产品。

瞧，她的 7 个员工没有问题，问题是系统造成的。她以为只要他们以不同的方式控制自己的手指，就能消除产品缺陷。这 7 个员工没有制造瑕疵产品，他们只是递送瑕疵产品，是的，瑕疵不是他们造成的，是系统所致。作为领导人，如果只是尽自己最大的努力，有激情和耐心，赢得公司的每个人的尊敬，努力帮助他们，这样做只能使问题变得更严重，误导员工以为只要改变自己的工作习惯，就能做得更好。然而，唯一可能的结果是他们只能把事情做得更糟，她保证这个问题永远存在。②

我们该怎么办？改善领导力。领导力属于系统，是管理者的责任。③

★ 领班必须有更多时间帮助在岗员工。

★ 统计方法是领班和生产经理至关重要的辅助工具，能显示浪费、

① 摘自 1981 年给 CEO 们做的演讲报告，题目是“质量改善，为什么生产率会随之提高”。
② 摘自 1981 年给 CEO 们做的演讲报告，题目是“质量改善，为什么生产率会随之提高”。
③ 摘自《新经济时代的管理义务》，大约 1981 年出版。

低生产率和质量差的原因。这是局部问题，还是系统的原因？

★ 领班提请工人们注意每个瑕疵，这种很普遍的做法是错误的。这样做是制造麻烦，有悖监管的目的。①

第八点

驱逐恐惧，以使每个人都能有效地为公司工作。

人们为什么害怕？大多数工人，甚至在管理岗位的工作人员，不理解自己的工作是什么，也不明白对与错，而且，他们不清楚怎么发现。许多人害怕问问题，害怕汇报问题。②

人们害怕互相交谈，因为如果跟别人说，征求其他人的建议，表明他根本不知道他应该做什么。不能让这样的谣言四处传播。③

员工害怕时会发生什么？因恐惧而造成的经济损失令人惊讶。要提高质量和生产率，必须让人感到安全。Se 这个词来源于拉丁文，意思是没有，cure 的意思是害怕或担心。Secure（安全）的意思是没有恐惧，不害怕表达思想，不害怕问问题，不害怕要求进一步的指导，不害怕汇报设备故障、材料不合适、灯光差，或其他影响质量和生产率的工作条件。④

人们不汇报任何故障，因为要处理故障，可能要停产，我们不敢停产。⑤

① 摘自《新经济时代的管理义务》，大约 1981 年出版。

② 摘自《新经济时代的管理义务》，大约 1981 年出版。

③ 摘自 1992 年在 CEO 研讨班的演讲报告，题目是“质量、生产率和竞争地位”。

④ 摘自《新经济时代的管理义务》，大约 1981 年出版。

⑤ 摘自 1992 年在 CEO 研讨班的演讲报告，题目是“质量、生产率和竞争地位”。

再次报告设备故障没用，因为没人感兴趣。领班有兴趣吗？他没时间。再说了，他要完成他的工作量，不能停下来处理任何事。①

人们不会问太多工作上的问题，因为这样做明显表示他学不会如何做这项工作。领班也许告诉他："如果你再学不会做这工作，我们只好让你走人。像我昨天跟你说的一样，难道你还不懂吗？"这对他没有任何帮助。我已经多次提到，监管急需改变。人们被命令遵守某些规则，完成规定的产量，继续做，用这种材料，不管怎么样，做完再说。这和工作标准密切相关，完成定额，别管什么质量，先完成定额。②

害怕的另一个方面在于检查。检查员记录的检查结果可能不正确，因为害怕这个结果会让某人难堪，可能让全组的人难堪，所以，她记了些假数字。你知道，绝不能让事情变得难堪。

例如，检查员不敢写下正确的结果。她听说，如果她写的数字显示出厂缺陷率达到10%，工厂将有可能发生某些状况。她从来没有向公司的任何人透露，她不在乎自己，但是要想想工厂里其他所有人。她听说，如果每月的缺陷率达到10%，厂长会关闭工厂，大家都被扫地出门。为了保证不让这种事发生，她编造了一些没用的数字。废除数字目标（如10%的缺陷率）。数字目标不能帮助人把工作做得更好——只会起反作用。数字目标只说明管理者失职，他们不知道做什么。③

只有高层管理才能减少恐惧。④

① 摘自1992年在CEO研讨班的演讲报告，题目是"质量、生产率和竞争地位"。
② 摘自1992年在CEO研讨班的演讲报告，题目是"质量、生产率和竞争地位"。
③ 摘自1992年在CEO研讨班的演讲报告，题目是"质量、生产率和竞争地位"。
④ 摘自1992年在CEO研讨班的演讲报告，题目是"质量、生产率和竞争地位"。

第九点

拆除部门间的壁垒。研发、设计、销售和生产部门必须作为一个团队合作，以发现和理解产品和服务在生产和使用中可能会遇到的问题。

为什么不能和其他人交谈？工程、工程设计、市场、营销和生产有共同的问题。为什么他们不能互相学习，一起努力？为什么要设立部门？每个人都应该朝同一个终点努力。大家肯定有不同的专业知识贡献给公司，但是为什么不把这些知识汇聚在一起？①

几年前，我在纽约大学指导一名博士研究生。她博士论文的题目是："公司如何在现有产品再设计和新产品设计中使用用户调查结果"。她在4个公司做了4个采访，我用纽约大学的公务信笺为她写了几封信。他们和她谈话时非常友好，回来后，她说："题目应该改，问题不是公司是否使用客户调查结果，而是他们用不用。"显然，他们不用。②

你认为这是好管理吗？人们谈品管圈，需要品管圈的地方是管理。③

只有高层管理才能将人凝聚在一起。部门间的隔阂在美国太常见了，束缚生产，提高成本。日本不可能发生这种事，人们去日本，想要模仿他们的质量控制。恐怕他们当中很多人都不知道要寻找什么，我希望他们旅途愉快。④

我们应该怎么办？研发、设计和销售人员必须学习生产方法，了解使用不同材料和规格会遇到的问题。否则，必要的返工和采用不合适的材料

① 摘自1992年在CEO研讨班的演讲报告，题目是"质量、生产率和竞争地位"。
② 摘自1992年在CEO研讨班的演讲报告，题目是"质量、生产率和竞争地位"。
③ 摘自1992年在CEO研讨班的演讲报告，题目是"质量、生产率和竞争地位"。
④ 摘自1992年在CEO研讨班的演讲报告，题目是"质量、生产率和竞争地位"。

将导致生产损失。为什么不花点时间去工厂看看问题，听听他们说什么？[①]

部门之间有益沟通举例：

① 大量放弃产品组件规格说明样品测试失败，说明没有理解生产问题。最近一次经历：某公司批准放弃一项产品中的 352 种规格。[②]

② 这里是两个不同供应商的产品，同样的产品号，同样做工精良。但它们的区别非常大，一个能使用，另一个只有经过代价高昂的返工才能用。两个供应商都履行了他们的合同。对这个问题的解释在于规格不完整，不适合制造商的要求，但这个规格是经制造商批准、认为没有问题的。[③]

第十点

取消要求零缺陷和达到生产率新水平的口号、标语和数字目标。这样的动员只会产生对立关系，成为低质量、低生产率的主要原因。这属于系统问题，超出劳动人员的权力范围。

公司一定要有目标，可能很多目标。[④]一个目标是提高我们的经济地位和竞争地位。我们努力提供更好的服务。从现在起，10 年不停业。提高我们的市场地位。这些都是非常好的目标。努力让每个人更快乐。公司一定有目标，个人也有目标。今天上午我要写完这一章，我要多花时间学习许多东西。每个人都有目标，公司也有目标。但是，我说的是工厂里到处

① 摘自《新经济时代的管理义务》，大约 1981 年出版。
② 摘自《新经济时代的管理义务》，大约 1981 年出版。
③ 摘自《新经济时代的管理义务》，大约 1981 年出版。
④ 摘自 1992 年在 CEO 研讨班的演讲报告，题目是“质量、生产率和竞争地位”。

贴着给小时工和其他人看的数字目标和口号。这些不起作用，他们需要有详细、具体的执行方案。你怎么做？[①]

曾经有人告诉我说，邮政总长要求下一年的生产率提高 3%。我说："他知道怎样实现吗？" "哦，不知道，我们只要去做。" 听起来很棒。制订数字目标之后没有任何解释怎么做。问题是你怎么做？人们需要知道怎么做。有一次，我在一个小厂，这个小厂是一个大工厂的分厂。当时，我在去会议室的路上开个什么会。咖啡厅的墙上粉刷了一个 2 米高的产品缺陷比例图，在过去的 6 个月内，每个人每周都能看到。

墙上有一个图表，是产品缺陷比例图。大概在 4.5%的位置有条红线，标了"目标"两个字。是的，可是怎么实现？没说一句话，这样做毫无意义。如果没有产生什么害处，那就好。唯一的麻烦是它起反作用，人们需要知道怎么做，不能让它就这样，没有任何解释怎么实现目标。那说明管理者们已经放弃了自己的工作，他们不知道做什么，所以他们在墙上贴这些海报。在这个图旁边是另一张图，最近半年内每周的产量，非常稳定。

这一切表明工厂生产已经处于统计控制。统计控制说明，唯一的解决问题的办法是管理者采取行动，没有任何其他办法。我没看到周围贴任何海报说管理层要做什么。现在，要到处贴一些海报，展示管理层针对第一条在做什么，对于第二条在做什么，对于第三条在做什么，对于第七条在做什么，第六条呢？这样做合情合理。每隔一段时间换一些海报，告诉人们管理层在做什么事，这也许有些益处。

没有措施，没人能帮上忙。[②]尽最大努力也没用。只知道尽自己最大努力的人需要帮助。哪里能得到帮助？零缺陷是另一个常贴的海报，三个字，效果一样，听上去不错。

---

① 摘自 1992 年在 CEO 研讨班的演讲报告，题目是"质量、生产率和竞争地位"。
② 摘自 1981 年给 CEO 们做的演讲报告，题目是"质量改善，为什么生产率会随之提高"。

某公司要求每个员工（总共有2000人）签一份保证书："我在此保证不生产任何缺陷产品。"签上各自的名字。在这2000人中，3个人拒绝签这份保证书。我不是说只有这3个人聪明，其他人也许都非常聪明，知道不应该这么做。签保证书没用，问题是"怎么做"。这是员工们的疑惑，怎么做？对于这个目标，管理层在做什么？把这些刷在墙上会有益。我不会画这样一幅画：一个人火急火燎地提高生产率。怎么提高？

这些讲座的目的是找到改善的办法，先从14点开始。如果管理者们不执行这14点原则，不可能改善。没有任何帮助，能从制订的这些目标中获得什么？零缺陷、生产率提高？这些是不能完成的目标。当然，那里没有任何措施帮助任何人。不尊敬管理人员可能是最糟糕的一件事。差异性加大，因为已经处于统计控制状态的人会试图搅乱他们正在做的事，让事情变得更糟。因此，缺陷产品的比例增加。

问题比这还要大。增加成本，挫伤员工积极性。不可能愚弄在岗人员，他们比你知道得更清楚。话说回来，我在去会议室的路上看到这些。走进会议室时，那里大概有12个人，围着一张桌子坐着。我就数字目标（第十点）的荒唐管理做了一个简短演讲，大概八九分钟。演讲结束或快要结束的时候，有个人站了起来，说了一句话，非常精彩。他说："目标永远不会帮助任何人把工作做得更好。"几个字？既然可以这样总结，为什么还要多说？"目标永远不会帮助任何人把工作做得更好。"18个字。

公司总裁正巧也在会议现场，那是一个重要产品，他对该产品的兴趣很大，也听了我的演讲。当我演讲结束时，他重申了我的观点，用的时间比我少，比我讲得好。不要再制定目标，我不和目标一起工作。任何有目标的地方，不是废除目标，就是我离开，只能留下一个。管理者们为什么不给公司关门停业做广告？他们不需要做这样的广告。废除工作标准。

我再问你，缺陷率10%、划痕率20%，每天这么多的工作标准能帮助工人把工作做得更好吗？当然需要工作标准预算经费和估计成本，但是在工作中使用这些标准，正在给美国工业带来无法计算的损失。显然，我们支付不起这样的损失。人们不喜欢，哦，可有些人正在这么做。

举个例子。有个人在这个岗位上做了很多年，15 年或 16 年，做同样工作的人已经换了 5 个。他知道怎样应对这个工作，完成他的目标——每天给他分配的工作定额，然后他和一些朋友打两小时的牌。其他还没有适应这个工作的人也做完了，围着他们观看。他们不能回家，不能做更多工作，但有些人学会了怎么适应环境。我想，只要寿命够长，你总能学会适应任何事物。他们盼着完成工作定额，这样他们就能继续他们的打牌游戏，昨天他们开始了打牌联赛。

我偶然坐在一个人旁边，其他人不多介绍。他在某大公司就职，做售后服务，处理这个公司做的产品。他说，那些不在意完成每天 5 个报修配额的维修员、技术员比那些每天一直都完成定量的人为公司做的事更多。他还说，那些一直把维修做到自己满意为止的技术员比完成配额的人对公司的贡献更大，即使用金钱来计算。这个人一直工作到他确信机器运转，明天没人再回来找他。

他说，有时相同的问题两年后才会再出现。其他按定额工作的人会制造麻烦。他们一定能完成配额，我自己也能做到。我每天可以处理 9 个电话，驾车时速 128 千米，把东西拆开，不管能不能正确地装回去，这谁都能做。那个根据自己的工作标准、以专业态度做这项工作、满足他自己标准的人比那些完成配额的人为公司做得更多，给公司赚的钱更多。

总结一下，口号、标语和目标的问题是什么？工厂的海报和口号想把人们推到一个新的生产水平，但没有告诉人们怎么做。

告示牌上看到的一些目标，没有达到目标的方法：

★ 零缺陷。

★ 提高生产率（附了一张照片，照片是一个人跑步上楼）。

★ 减少浪费。

★ 减少缺陷率。

另外一个没有意义的告示牌：

“工作就是一幅自画像。你愿意在自画像上签上你自己的名字吗？”

不签。如果你给我画画用的是一块有瑕疵的帆布、不合适的颜料、坏了的画笔，我不会在我画的这幅画上签名。①

像这样的海报和口号不能帮助任何人改善工作。当然，公司有目标，如生产更好的产品、减少浪费、更好的竞争地位。任何人都有目标，如得到更好的教育、减少体重、学音乐、少发脾气。但是用数字目标来定级并存入档案是错误的，因为没有告诉任何人怎样达到这些目标，甚至因为令人沮丧而起负面作用。那是管理者懒惰的办法，说明他们管理的绝望和无能。②

第十一点

① 取消工厂的工作标准（定额），代之以领导力。

② 废除目标管理法，废除数字管理，废除数字目标，代之以领导力。

① 摘自《新经济时代的管理义务》，大约1981年出版。
② 摘自《新经济时代的管理义务》，大约1981年出版。

我合作过的一家银行请一个咨询公司设定工作标准。一本装订精美的账本，一个姑娘每小时应该能处理这么多支票。另一个姑娘每小时应该能计算这么多支票上的利息和罚金。出纳每小时应该能接待这么多顾客。就质量以及错误数量没有提一个字，如何减少错误也没有提一个字。这好吗？公司付了咨询费，他们以为他们的建议很棒，说出了我想要的方案。①

想想，为这样的建议付钱。你能想象有人因为这样的建议而得到报酬吗？我能想象得到，有人确实这样做，但他不知道更好的建议。②

我们该怎么做？仔细看看工作标准。它们提高质量，抑或只是要求数字？能帮助哪个人把工作做得更好吗？这个国家在工作标准上付出的代价与在劣质材料和错误上付出的代价一样多。有更好的办法。③

互不相容的希望：某公司公布了这个：

目标

1.提供奖励机制，表彰业绩优秀、在革新方面做出突出贡献、对公司极为关心和尽职的人。

2.创造并保持令人振奋和愉快的工作环境，目的是吸引、开发并挽留人才。

评述：这两个目标互不相容，第一个目标将诱发员工之间的冲突和竞争，导致员工士气受挫。目标1让人享受不到工作的乐趣，因此会挫败目标2，但是这听起来很不错。④

① 摘自1992年在CEO研讨班的演讲报告，题目是“质量、生产率和竞争地位”。
② 摘自1992年在CEO研讨班的演讲报告，题目是“质量、生产率和竞争地位”。
③ 摘自《新经济时代的管理义务》，大约1981年出版。
④ 摘自1991年11月2日写的笔记。

第十二点

① 排除剥夺计时工获得工作自豪感的障碍，监管者的职责是把纯粹的数字转变为质量。

② 排除剥夺管理和工程人员获得工作自豪感的障碍，这意味着包括取消年度评估或绩效评估和目标管理制。

我们该怎么办？为员工设立大规模的培训计划，学习简单有效的统计方法，在几年内完成。成千上万的人必须学习基本统计方法，每 500 个人中必须有一个人花 10 年时间成为统计专家，这个培训计划将花不少钱。[①]

第一个培训计划是培训管理人员，他们要学习什么是 14 点，为什么要用 14 点，而且他们要培训 6 个人，或者 16 个人、50 个人，根据公司的规模而定。我合作的两个公司都在培训 5 万人，难。上哪儿找老师？他们找到一些，好老师们正在教其他人，每个人都必须努力。[②]

第十三点

开展强有力的教育和自我提高活动。

什么类型的培训？制订有效的计划，争取能让工作人员留下来，从事新技术工作，紧跟模式、风格、材料、方法和新机械（如果有优势，偶然使用）方面发生的变化。[③]

---

① 摘自《新经济时代的管理义务》，大约 1981 年出版。

② 摘自 1992 年在 CEO 研讨班的演讲报告，题目是“质量、生产率和竞争地位”。

③ 摘自《新经济时代的管理义务》，大约 1981 年出版。

最大限度利用统计知识和公司里的人才，聘请有能力、有经验的统计专家做顾问。①

管理层或其他职位中没有任何人曾经问过高层管理必须做什么。商学院也从来不问："我们必须做什么？"但是，怎么做？我可以解释一下。②

有个方案看起来效果不错，也许你有更好的办法，但这个办法效果挺好的。那就是建议设立副总裁汇报制度，向高管汇报。统计顾问每次来的时候，都向统计专家汇报，评估高层管理现在取得的成绩。有位副总裁在圣诞前夕来看我，我们找不到其他时间。尽管是圣诞节的前一天，他还是来见我，我敬重他。那是他的工作，他在履行职责，定期评估高层管理迄今所取得的成就。对于这 14 点，你在做什么？③

每次我去合作的某家公司，谈的都是项目，问一些问题。你们在做什么？你们接下来 3 周的计划是什么？④

那是一条漫长的路，多长？刚刚起步、全面实施 14 点的公司需要花很长时间。是的，你会看到令人瞩目的成就，3 周后有些效果，再过 3 周，效果更大，也许每隔几周就会有一些改善，但这不是质量控制。质量控制不是装满技术或诀窍的大袋子，也不是一丁点儿成就。那些仅仅是管理层履行职责时的一些外在表现，容易被快速游戏所误导。⑤

假设我们做得很好，我们必须做好，美国在 1942 年、1943 年、1944 年，直到 1950 年都做得很好。那时，有技术，1 万人学习简单但强大的技术，管理人员中没有一个人学习这些技术，也许有一两个人。发生了多次重大火灾，到 1950 年，它们全都消失了。哦，你要问了："要多长时

① 摘自《新经济时代的管理义务》，大约 1981 年出版。
② 摘自 1992 年在 CEO 研讨班的演讲报告，题目是"质量、生产率和竞争地位"。
③ 摘自 1992 年在 CEO 研讨班的演讲报告，题目是"质量、生产率和竞争地位"。
④ 摘自 1992 年在 CEO 研讨班的演讲报告，题目是"质量、生产率和竞争地位"。
⑤ 摘自 1992 年在 CEO 研讨班的演讲报告，题目是"质量、生产率和竞争地位"。

间?”5年之内，公司应该看到一些效果，会看到效果。公司越大（有些公司是本行业的巨头），越复杂、越庞大，所需时间越长。5年内应该有显著的结果，有的公司3年就看到成果。①

管理者必须学习新经济学，经济学专家也必须学习新经济。调节机构(政府部门）也要学。他们不能预计经济理论的结果，必须学习。同时，他们可能严重毁损我们曾非常满意、为之自豪的、为全世界制订了标准的机构，他们必须学习。比如在通信系统中，人们拿起话筒打电话时，需要用到的部件数量是几百万个。②

生产这些部件时，必须有把它们组合在一起的目的，而不只是把这些部件做好。简单粗暴地把一切丢到一起，让他们竞争，有可能毁掉我们最好的机构。最近几年的历史充满了政府规则和条令，制订它们的目的都非常好，但造成的结果比当初他们要治理的问题严重得多。③

第十四点

让公司的每个人都参与公司的转型，转型是每个人的工作。

多久?什么时间?提高美国质量和生产率的速度有多快?这些答案取决于高层管理履行明确属于他们的职责的决心有多大。质量和生产率是每个人的工作，但高层管理必须先带头实施。④下面这封信的内容能揭示一个问题。“我是我们公司一个厂的经理。这个地区有5个厂，经理只对底线感兴趣。质量嘛，没兴趣。完成任务，我在这个厂要再做2年，任期结束，要么被提拔，要么去另外一个公司。”看到他对工厂的忠诚了吗?他

① 摘自1992年在CEO研讨班的演讲报告，题目是“质量、生产率和竞争地位”。
② 摘自1992年在CEO研讨班的演讲报告，题目是“质量、生产率和竞争地位”。
③ 摘自1992年在CEO研讨班的演讲报告，题目是“质量、生产率和竞争地位”。
④ 摘自《新经济时代的管理义务》，大约1981年出版。

问我的问题是："我能做些什么能在我离开之后继续保留的东西？"

就在一周前，我收到另外一封信，信上说出了另一大障碍。"作为公司的部门之一，我们的困惑是能否在没有高层管理积极干预的情况下提高我们的质量和生产率。"我的答复是："不能。"

"在你的一次研讨班上，我拿起你的笔记看了看，一种奇怪的感觉进入我的脑海，你书中的例子大部分都来自我们公司，但你从来没去过我们公司。我不知道你是怎么能看得那么透，看清我们公司所有的问题，你举的例子放在我们公司再合适不过了。"

我告诉他什么？我说，如果没有高层管理的干预，这事不用提，成不了。

这里有什么问题？高层管理的流动性。一个日本朋友说："因为高层管理人员的流动，美国做不成这事。进进出出，对公司不忠诚，在公司的时间不够长，不足以产生推动力。"

我不知道平均任期多长，3 年半、4 年、4 年半。日本的任期是永远。如果他们的任期只有几年，高管怎么可能对公司忠心耿耿？我不知道，没有答案，只陈述问题。也许你要说了，如果没有解决办法，谈问题没什么用。

问题可能像绝缘体那样，把高管们包围起来。管理者不懂生产、销售、市场。没有采取任何措施，按照第九点，把他们自己、把每一个人凝聚在一起。高层管理远离生产问题。就在昨天，查尔斯·比金先生——比我优秀的一名顾问——告诉我说放弃了他正在某公司举办的高层管理研讨班的一些研讨课，至少暂时是这样，原因很简单，他们对进料、采购、生产和仪器的使用一无所知。

高管们对那些问题一窍不通，他们的工作是金融和会计。他不得不放弃那些课，给高管们 6 个月的时间熟悉公司，之后，可能恢复讨论课。

参观其他公司怎么样？另一个障碍。人们想学习成功的先例，但这样做没有意义。我可以列举出6个非常成功的、生产相同产品的例子，生产铅笔、造纸。这些例子与他的成败绝对没有任何关系，根本没关系。他自己的成败取决于他的投入，而不是其他东西。先例根本没什么帮助。

上周有个人来拜访我，想知道我能不能安排他的高管们参观一些我合作的公司。我说："首先，我不能提客户的名字，但我可以跟一些公司谈一谈这件事。你为什么想参观其他公司？""或许我能说服我的高管们去看一些成功的例子。"我说："我不会答应这么做，我不会浪费我客户的时间做这样的蠢事。他们的成功与失败是他们的问题，与你的高管们的成败没有任何关系。种瓜得瓜，种豆得豆。你的高管甚至都不知道做什么，他们甚至不知道已身陷困境，你告诉我这些信息。他们是否听说过14点管理原则？他们如何了解自己的工作是什么？他们不知道，成功的例子对他们没有帮助。"

要是我们不一样怎么办？另一个借口："我们的问题不一样。"是的，每个问题都不同，但和这件事无关。有很多障碍，其中一个就是以为问题都来自劳动工人。我已经排除了这个可能性，大多数问题都在于系统。

如果我们有问题呢？如果有人发现自己陷入麻烦，数据根本不对，他们会做什么？工作标准变严，减少出差，减少头等舱旅行，削减某些研究，因为我们根本不需要做那么多研究。

有些公司或部门的处境非常绝望，情况糟糕得都没有时间做任何事。他们没有时间听，没有时间学，必须消除产品缺陷，就这些。这样做，他们将无利可图。

14点总结①

我什么时候能看到结果？执行14点每一点的有形结果不会同时看得见。也许最快能看到结果的是取消工作标准（第十一点），代之以给工人和监管人员提供统计帮助。统计方法有助于人们完成更多工作，更巧妙但不会更累，没人知道这样做能达到什么样的生产率。

第二个能迅速看到结果的应该是驱逐恐惧（第八点），帮助人们放心地找出工作、产品中的问题，不惧怕汇报设备故障和原料问题。一旦高管认真执行，两三年内这个目标可能有50%的成功率，并取得强大的经济结果，继续努力将获得更大的成功。

第三个能迅速见到结果的是打破部门之间的壁垒（第九点）。质量动员之后的几周就能看到一些小小的成效，但全公司大规模的改善需要花很长时间，并一直持续到永远。②

实行所有14点原则的有形结果不会全都一下子出现，有些结果来得快，有的见效慢。环境会以自然的方式自我调节，这是残酷的。

5年内将有明显进步，10年内进步更大。也许20年过后，美国能重新取得曾经拥有的地位，也可能再需要10年。但那时美国产业的结构完全不同于现在，美国产业的支柱产品那时可能屈居第二，新产品和新技术也许跃居第一，农业在国际贸易中的地位将大幅度提高。

① 摘自《新经济时代的管理义务》，大约1981年出版。

② 摘自1981年给CEO们做的演讲报告，题目是“质量改善，为什么生产率会随之提高”。

第五章

系统必须被管理

人员是系统的一部分

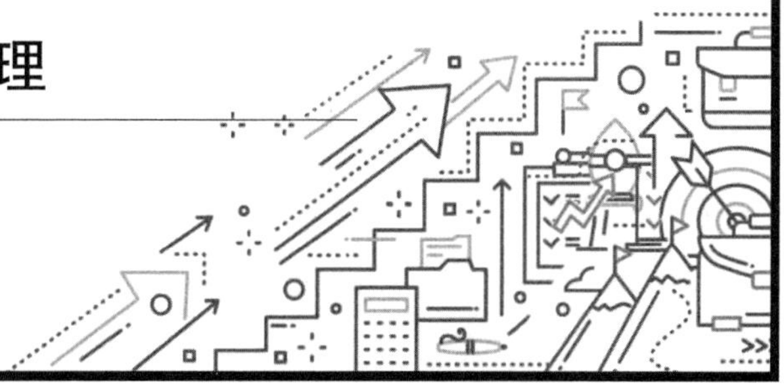

THE ESSENTIAL DEMING

戴明说一个组织机构需要作为系统运作，系统包括公司、客户和供应商，系统必须被管理。通常他还强调，人员是系统的一部分。他相信，许多经理人发现处理机械、预算和金融问题远比处理人员问题简单得多。戴明认为，知道如何管理人员是管理工作中唯一重要的部分，而且人员管理是管理者们最不擅长的。

为了帮助管理者更好理解人员管理的要求，戴明写了无数篇文章，做了很多演讲，详细说明管理者们处理人员问题时需要采取的特殊行动，不论是雇员、客户，还是供应商。下面举一个例子。

系统介绍

系统是相互联系的、功能关联的组件、部门、团队、平台（不论被冠之以什么名称）等的复合体，彼此合作，完成系统的目标。

系统必须有目标，没有目标就没有系统。系统的目标必须让系统里每一个人都清楚知道，目标包括未来的计划。目标是价值判断，不是定理。你的公司已形成系统了吗？换句话说，有目标吗？有些公司，因为短期思维，唯一的目标就是今天能活下来，不考虑将来。

这是逆转日本的关键所在。那时，我向高管和工程师们展示了生产系统。日本人那时有知识，他们具有伟大知识，但是零零散散，没有被组织和协调。我给他们演示的机构流程图把他们的知识引入生产系统，包括预测客户的需求。之后的结果，全世界都知道，我相信是一张简单的流程图造就了这个结果。高管和工程师们看到如何运用他们的知识，于是开始了行动。几个月前，东京的森口繁一博士提醒我说，当我在跟日本的 21 名高管谈话时，我是在和日本 80%的资本说话。

流程图的出发点是对可能的产品或服务进行构想，作用是预测，客户可能需要和购买什么？零阶段是预测，该预测需要设计产品或服务。会有足够的市场让我们继续经营吗？

我们研究产品在消费者手中的结果。他怎么使用我们的产品或服务？我们是不是让他们期望过多？需要修改广告或声明吗？我们如何改进产品或服务？怎样帮助客户？有可能要重新设计产品。像这样周而复始，循环往复。消费者是生产线上最重要的部分，没有消费者，就没有生产线。

需要和经销商长期合作，必须建立忠诚和信赖关系，以提高原材料质量，在长远基础上降低成本，致力于持续不断的改善。作为系统，每个人都在为其他人服务。质量越来越好，成本越来越低。

一些美国人在这方面遇到麻烦。他们告诉我们去日本推销产品，但是卖不出去。记住：日本的供应商和客户已经合作 20 年、25 年或 30 年了，合作使双方不断得到提高。你想他们会破坏这样的关系吗？当然不会。要想在日本成功推销，必须带去日本没有的新产品。否则，别指望去那里破坏他们已有的合作关系。日本人太聪明，你不可能得逞。

流程图的目的是显示从生产线的前端输入原材料，在生产线的末端输出可使用的产品。有管理系统需要的信息流，流程图也帮助我们预测系统的什么组件会受影响，受多大影响，因此，可能需要改变其中的一个或多个组件。

流程图实际上是一张组织图，说明工作内容，以及应该怎样与系统的其他部分沟通。从这样的图上，任何人都可以看出自己的工作是什么。拿一张图，把你的名字写在上面，你在这里，其他人在那里。这样，任何人都可以从图上看清自己的工作是什么，而且也知道，他的工作在系统中如何与别人的工作衔接。

组织图远比常见的金字塔图有意义得多。金字塔图只显示谁向谁汇报，信息从顶部往下传，指令来自顶端。金字塔图不描述生产系统，不告诉任何人他的工作是什么，不告诉任何人他的工作如何与系统中其他人的工作衔接。如果金字塔传递什么信息，传递的信息就是任何人首先应该努力让老板满意（得到好的评价）。以金字塔图作为组织图，会破坏系统，因为每个人都想为自己争取一个好评价。金字塔让系统机构支离破碎，在这支离破碎中，每个组成部分都变成单独的利益中心，破坏系统。

现在我们知道，系统必须有目标，没有目标，就没有系统。系统必须被管理，否则系统内的团队、部门、人员将互相竞争，成为单独的利益中心。管理应该努力使系统达到最优化，即与系统目标一致的最大利益。这意味着系统各个组成部分现在要为整个系统做贡献，而不是成为单独的利益中心。优化是协调各组成部分，为实现上述目标而努力。再强调一遍，系统必须有目标，没有目标就没有系统，优化意味着目标的实现。

我要提醒你，目标必须包括未来，从现在起，5 年后我们要生产什么？任何团体应该将本团体所属的大系统的长期优化作为自己的目标，不是只顾团体利益，而要为整个系统做贡献。最终将得到回报，每个人都获得更多。为将来做准备包括建立员工的终身学习制度，包括不断关注环境——技术环境、社会环境和经济环境。感知人们的需求和更新的必要，新产品、新服务或新方法。公司因此能在某种程度上掌握自己的未来，而不要沦为一切偶发事件的牺牲品。

在任何系统中，几乎各组成部分都相互依赖，各部分间的依赖关系越大，越需要交流与合作，全面管理的必要性也越大。

系统各组成部分之间的消极互动通常源于竞争 (损害系统)，管理者的主要工作是在员工之间、团队之间、平台之间创造积极互动。公司是否因为错误的人员管理而阻碍了自身发展？让 A + B + C + D 等于单个人的努力之和。公司是否等于这些个人能力之和？应该大于个人能力之和，为什么不能？因为有积极互动。平台之间、分公司之间、部门之间，无论你怎么称呼它们，互相交流，一次两个或三个，这样的交流可能是积极的，也可能是消极的。消极互动减弱个人能力。为什么公司不如个人能力之和？有了积极互动，公司应该大于个人努力之和。

消极互动的原因是什么？什么能导致积极互动？你、你的团队和其他人之间是积极互动吗？与他们合作，而不是冲突，在与他们合作的过程中获得积极互动。看看流程图，你依赖谁？谁依赖你？看看那些你依赖的人，看看那些依赖你的人。

举个例子，有 4 个平台，每个平台生产不同型号的车。他们做什么？首先，他们竞争资源，这 4 个经理人都努力争取公司最好的人才，为自己、为他的平台。他需要钱，他与其他经理们争夺金钱，争夺人才。虽然嘴上没说，但他们都想把对方干掉，竞争助长他们自相残杀，并毁灭公司。他们之间的互动是消极的，不是积极的。能怪他们吗？他们只是在做自己的工作。

必须管理系统，如果不管理，员工、团队、平台会相互竞争。我们经不起竞争，竞争是毁灭性的。我们能学会管理吗？肯定能，这就是我们来这里的原因。

系统的目标可能是什么？对此我有个建议。我说过，系统的目标是价值判断，不是定理，是为你自己。我建议的目标关系到系统组成部分之间的互动。竞争者尤其要根据目标来衡量合作和竞争，无论是联合行动，还是共同努力，目的都是要扩大市场，而不是担心自己的市场份额。担心市场份额，试图得到最大的那块蛋糕浪费了多少人年？[①] 从其他人手里抢。如果能开拓市场将更好，竞争对手们应该联合扩大市场，让更多的人享受到我们的产品或服务。市场覆盖范围越大，可能利益也越大，但是更难管理，管理者必须有未来计划。

系统的破坏

工作描述不能只是说明运动方向，做这，做那，这么做，那么做。它必须告诉我做这个工作是为了什么，能为系统目标做什么贡献。

假如你教我怎么洗桌子，怎么用刷子，怎么使用抹布、热水、肥皂。我应该这么擦，那么擦，转圈擦，我学得很好。现在你叫我洗桌子（他面前的那张），我做不了，我不能用你教我的那些方法去洗，除非你告诉我要用这张桌子做什么。下一步是什么？会发生什么？有人要用这张桌子。在搞清楚谁要使用这张桌子之前，我不能洗桌子。当有人让我洗桌子时，我感到很无助，我不知道你是什么意思。是用来吃饭吗？快速洗一下就完全可以了。要是准备在上面堆一些书的话，快洗一下也足够了。但是你告诉我，要用它做操作台。现在我要做什么？擦桌面、桌底、侧面、桌子腿、里面、上面，我还要清洗地面，周围一大片，跟洗餐桌的方法完全不同。瞧，除非我知道你要用这张桌子做什么，除非我明白下一步，否则，

① 人年（man year），是指一个人在一年的标准工作时间内所完成的工作。

我不能工作。流程图告诉人们下一阶段是什么，谁依赖我，我依赖谁？然后，通过交流，人们可以一起合作，改善自己的工作。然后，可能会享受到工作的快乐。

工作的快乐

工作的快乐来自理解工作的重要性，不是来自工作本身，而是因为知道谁要使用我的工作成果。我们在为谁工作？消费者是谁？谁依赖我们的工作，我们依靠谁？这提供了工作的流向。人们需要了解的一切就是这项工作为什么重要。动机——荒谬的想法。人们需要知道的全部内容就是他们的工作为什么重要。

破坏系统怎么样？怎样破坏系统？很简单。拿出流程图（把不同活动分割开来）。现在每项活动都是独立的利益中心，不是作为一个整体为公司工作，而是作为单独的利益中心。现在每个组成部分都和其他单元竞争，每个人都努力突显自己。能怪他吗？他唯一的希望是在这个系统下生存。结果系统被毁，造成无法估量的损失。

某汽车公司的例子：一家汽车公司被分成两组，两组的头脑们的工资根据销售量确定。于是这两个组开始竞争，结果是破坏性的，每组都想比另一个组卖出更多产品。你能责怪他们吗？这是他的生活。发生了什么？一组传统上以销售小型、可靠性好的汽车闻名。另一组比这个组大，生产豪华汽车。他们做什么？习惯生产相对较小、性能可靠的轻型汽车的那个组努力降低运行成本，扩大生产线，生产大车。习惯制造豪华车的那个组开始生产轻型车。你能怪他们吗？他们的生活取决于销售，他们竞争，管理迫使他们竞争。该死的，他们差点毁了公司。

政府部门的一个例子：众议院议员的压力是想办法给自己的州拿到联

邦项目，他不管什么最有利于国家整体利益。任何联邦政府的钱，给我的州争取，为我所在的区争取。是否再次当选取决于能否拿到那笔钱。这有利于国家整体利益吗？也许是，也许不是。怎样才能对国家整体利益最有利？议员要怎么做？如果他不为自己的区争取联邦资金，他可能不会再次当选。减少海军基地的数量怎么样？有些海军基地可以放弃，除了我的州，其他任何地方的海军基地都能放弃。这对国家最有利吗？众议院和参议院迫使这个系统被毁。你能做什么？也许你会说，限制任期可以解决这个问题。将参议院和众议院议员的任期限制在 10 年、12 年、14 年，随便你定几年，禁止连任，不允许这样的事发生。这样议员就能为国家整体利益考虑，他不必再次参加竞选。他能理解国家是一个系统，当全体大众都能理解国家系统时，这个办法也许可行。但国家作为一个整体关闭我这个州的海军基地也许更好，这样对每个人都好，每个人都是受益者。

什么都最好还不行。几年前（1971），罗素·艾柯夫指出，如果把最好的部件安装在汽车上，不要介意价格，也不管是哪里生产的。每个部件都用最好的，不问它的价格和产地。虽然所有部件都是最好的，但这些部件做不成汽车，因为它们不能形成系统。

密歇根贝尔电话公司的卡拉贝利博士希望他现在在这里对我说："公司可能有最好的产品工程师、最好的制造工程师，有这个国家最好的营销人员，全公司上下什么都是最好的。但是，如果公司的这些人员不是作为系统一起合作，竞争可能会将整个公司吞没，被那些员工远不如他们合格但管理优秀的公司打败。如果某机构的不同部件全都被优化，每个部件都为各自的利益，都是主角，整个机构不会因此被优化。如果整体被优化，不同部分不会被优化。"

谁希望和失败者做生意？

这封信是我几周前收到的。信中说："我的婚姻历经坎坷，越来越糟，是外部原因造成的。赢和输的问题，两个人都想占上风，都想赢。我参加了你为期 4 天的研讨班，了解了系统和双赢。我跟丈夫解释，于是，我们一起讨论了每一个细节，寻求双赢。我俩都获胜了，我俩都是赢家。"谁希望和失败者结婚？如果夫妻双方只有一个人赢，那么和你结婚的人是失败者，谁希望和失败者结婚？有人希望自己的供应商是失败者吗？你希望你的客户是失败者吗？你希望你的雇主是失败者吗？希望你的雇员是失败者吗？或者你的客户愿意当失败者吗？当然不。没人愿意这样。

系统优化

在现在盛行的管理模式下，(每个分公司、部门、区域) 自然会采取对自己有利的方式，而不考虑任何其他 (分公司、部门、区域)。他不知道也不管其他分公司或其他区域，只考虑他自己，没人知道，没人在乎其他分公司。对其他分公司和公司整体产生的影响没人知道。做出的选择只对一个区域的当地利益有益，对其他地区可能产生相反的作用。(因为我们的决定，另一个地区可能赔钱。)

每个地区努力使公司整体利益最大化 (而不是以各自的利益为中心)。每个人都受益，包括为公司整体利益而承担损失的那些地区。看到自己的选择可能影响整个公司的那些人现在找到了其他选择。对于那些以前从来见不到阳光的环境，现在人们在考虑如何改善。这些选择可能不利于采取这些措施的当地利益，但对其他地区有益。在众多选择中，看到的范围更广，选择更多，人更具有创造性。现在做出的那些决定是根据能否给公司整体带来净收益，底线显示的结果会自己说明问题。

合作

合作呢？是否曾经想过这个问题。会不会抑制竞争？必须改变很多做法。考虑一下合作，想想合作的好处。

每天根据什么计时？格林尼治天文台的时间信号。你、你的竞争者和你的敌人都使用一样的计时制。合作，甚至都没有想到这是合作，太自然了。

日期制，国际日期变更线，全世界通用，你的朋友用，你的敌人用，你用，你的竞争对手也用。国际日期变更线，合作。

红绿交通灯，红灯在上，绿灯在下。这样，区分红色与绿色有困难的人无须辨别是红灯还是绿灯，全世界都是红灯在上，绿灯在下。原来不是这样，是人让世界变成现在这样，是人们努力的结果。致力于公共服务的市民们努力让现有机构采用国际标准。

公制，全世界通用。

电池。这是一个小放大镜，里面有灯。我按一下按钮，灯亮了。如果电池没电了，我买两节 AAA 电池，全世界任何地方都能买到，都适用，我不必用定做的电池。想想这里的经济，想想我们从合作中得到的好处。我们甚至都没有想过这个问题，对于这些好处，我们太习以为常，甚至都想不到它们，只是想当然地接受。还有产品许可证，我们的产品卖给其他公司，这也是合作。

各个公司都在为其他公司生产配件或产品，几乎任何化学公司都依靠自己的竞争对手获得中间产品。汽车公司为其他公司制造配件，甚至整个发动机或变速器。大型数据处理公司给没有设备处理某些数据的小公司做这些工作。双方都受益，客户也受益。由科学家和其他专业人员主讲的会议对其他与会者在理论和方法上有所启发。

火车车厢，你甚至都没有想过它，能从哈利法克斯开到蒙特利尔，再从波士顿北上多伦多，南下美国的水牛城、堪萨斯市、迈阿密、休斯敦等。同样的轨道标准、一样的空气制动系统、列车车厢之间同样的连接装置。结果：降低运输成本，性能更可靠。这个世界一直就这样吗？原来就像现在这样吗？不是。100 多年前，北美有 3 种轨道（合作带来了单一轨道制）。想想这样做的好处。否则，现在整个北美不可能有标准的轨道，我们的经济将遭受极大损失，不可能召开今天这样的会议，可能你还在地里挖胡萝卜呢。专业人员之间也要合作，随时准备帮助对方，这个世界原来不是这样，很多地方现在还是老样子，直到最近，如果你在伦敦买一个吸尘器或电卷发器，它没有插头，只是垂吊着两根电线。为什么？因为插头不同，在你家合适的插头不能在你邻居家用。不过这个问题已经解决了，是多久以前的事，我不知道。

这些都是合作的例子，我们对合作太习以为常了，甚至都想不到它。每个人都能使我们大家受益。

我的一辆汽车停在我家房子前，发动不起来，响都不响一下。于是，我给埃克森服务站的比尔打电话，他离我家不远，大概 500 米。他的一名工作人员来了，叫理查德，我注意到，他开来的拖车是他街对面同行的。他跟我解释说，每个服务站都有一辆拖车，如果有人像我那样打了求助电话，而他的拖车正好外出了，他就借用同行的拖车。每个服务站都有一辆拖车，合作使他们可以借用同行的车。如果闲置车能为客户提供服务，几乎等于每个服务站有两辆拖车。考虑一下合作能节约多少钱。谁得益？每个人都得益。顾客得益，那些服务站得益。为什么不这么做？他们留住了这里另一个区的生意，甚至还可以进一步合作：一个服务站营业到半夜 12 点，第二天，另一个服务站开门到半夜。为什么这么做？留住那个区的顾客。如果晚上 11 点 30 分需要加油，你知道去哪里加，不必开车到其他地方或其他市区去加油。人人受益，他们受益，客户受益。为什么不这么做？

摘自在通用汽车公司的演讲

1992 年

领导力

经理理解并向他的员工传达系统的含义，人人受益，他让他的员工们明白，团队工作如何帮助实现系统目标。

他让他们懂得他们自己是系统的一个组成部分，在前后各个阶段彼此合作，优化大家在所有阶段付出的努力，最终实现目标。

人事部经理知道每个人彼此不同，他努力创造环境，让每个人都对工作有兴趣，热爱工作中的挑战，并享受工作的乐趣。他尽量优化每个人的教育、技术、能力、家庭背景。这不是评估员工，是承认他们之间的差异，把员工放在什么地方才能最大限度地发挥他们的优势。

他自己从不间断学习，也鼓励员工学习。

他是教练，也是顾问，但不是法官，评判他人对他没什么帮助。

他明白人员和他们的工作环境之间的互动，懂得任何具有学习能力的人都会达到某种稳定状态。人事经理知道，在这种稳定状态中，指出工人的错误会使他注意力不集中，变得手足无措。

他的影响力来自以下三个方面：

职务权威。

知识。

性格、说服力、机智。

成功的人事经理学习知识，培养自己的说服能力；他不依赖自己的职务权威。但是他有义务使用他的职务权威，因为这种权力能让他改变操作过程和方法，使公司得到改善。他要努力发现是否有人工作不稳定，需要特殊帮助。

他创造信赖感，创造自由与合作的环境。

他不期待完美。

他认真倾听，但不把自己的判断传递给说话的人。

每年他至少和每位员工交谈一次，非正式的、不匆忙的交谈。谈几小时，不做判断，只是听他们说自己的目标、希望和恐惧。

摘自研讨班的发言

题目是“质量、生产率和竞争地位”

1992 年

革新与提高

革新与提高的一个总的先决条件是：创造能让每个人都能享受工作乐趣的环境。在这样的先决条件下，人们可以有信心地期待产品革新、服务革新、程序的改善和革新、现有产品的提高、现有服务的改善。改进程序。

PDSA 循环[①]会有帮助。PDSA 循环是学习流程图。

第一步是计划：人们大脑里有关改善或革新的想法、新方法或多种方法比较。把那些想法写在纸上，变成计划，这是第一步。想法促成计划或测试。比较，然后再试验。第一步是整个循环的基础，匆忙上阵是错误的，1939 年我明白了这个教训。那时，人们迫不及待地开始，想让自己

① PDSA 循环，也称戴明循环或戴明环，是 Plan-Do-Study-Act 的缩写。

看起来忙忙碌碌，有事可做。他们认为站在那儿聊天，产生一些想法等于什么事情都没做。实际上，这是循环中最重要的部分，等会儿我们再进一步讨论这个问题。

匆忙开始可能是个错误，代价高昂，结果令人沮丧。人的弱点是缩短这个步骤。他们迫不及待地行动，积极活跃、忙忙碌碌。马上进入第二步。

执行第一步可能会产生全新的、更成熟的想法。如果在初始阶段多花时间，会减少回头路。计划阶段可能从几个建议中选择一个开始，我们能试哪一个？另外一个问题：我们能试哪几个？用同一个试验我们可以比较多个建议。结果可能是什么？比较选择的可能结果。在多个建议中，哪个在新知识和利润方面最有前景？做相应的计划。

第二步是执行。开始测试、比较、试验，最好是小规模进行，根据第一步决定的计划做。

第三步是研究结果。是否与希望或期待一致？如果不是，是什么问题导致的？也许一开始我们就不明白我们在做什么。也许测试或试验的设计没有产生我们需要的信息。问题在哪儿？也许我们一开始被自己迷惑了，应该从头再来，回到起点，制订一个新的计划。

第四步是实施（如果能走到这一步）。我们所说的实施是什么意思？意思是改变或放弃，或者在不同环境或条件下，重复一次，我是说肯定是不同的环境条件、不同的材料、不同的人。看看结果是否相同。也许要对原则稍做修改。

现在我们应用。计划生产新发动机，工程师们制订新发动机的生产计划，他们已经完成了大部分零件的开发，但是还没有把这些零件排序。画一个流程图，在屏幕上显示，按顺序摆放这些零件，显示它们之间的关系。最后结果也许要求重新考虑早期阶段的工作。看着流程图，每个人都明白各阶段之间的关系。

整个过程始于创造需要、人们大脑中的想法。这些想法变成可修改的软线建议，只是随心所欲画的简单草图，然后重新思考，再看一下，有更多想法。最后进入设计阶段，即真正的设计图。接下来准备五金件、气缸盖、发动机机体、机轴、铸件，全都是半成品，一种一个。下一步是加工、安装、检验，全都由熟练工人操作。最后，测试各个零件，安装发动机，并在车里测试发动机。

可以加工所有部件，但是如果不知道怎么把它们装在一起，就不会有结果。很多人都说缩短研发时间，需要加快新产品的开发，理由是要在顾客现在的喜好依然没变的情况下把产品交到他们的手中。另一个明确表达或暗示的原因是把竞争对手打倒在球门柱上。努力的精神可嘉，但目标错误。顾客今天说喜欢什么东西，明天买的却是别的东西。将研发时间缩短一半，会节省很多钱，节省很多开支。通常的方法是匆忙开发新产品，最后发现零件彼此不合适，或者又有了新的、非常棒的设计思想。于是，不得不从头再来，整个游戏重新开始。失去了时间，成本增加，最终产品不能满足期望。这是缺乏能力的表现。

减少时间的秘诀是在早期阶段多付出努力，研究各个阶段的互动，每个阶段都应该比下一个阶段付出更多努力、花更多时间、投入更多资金。如果要居于领先地位，零阶段最重要，投入最大。简单地说，就是任何阶段都应该比下一阶段多支出某一特定比例的资金。有人说，这个比例可以一个阶段一个阶段地制订。也许吧，但要做到这么精细，还有很长的一段路要走。

零阶段是整个项目的基础，在零阶段，大家积极讨论各种想法，尽可能避免改变方向和走回头路。应该避免从头再来，方向的改变使每阶段花费的时间越来越多。我们知道，不可能完全避免走回头路，但这里建议应该减少重新开始的次数，这样效率更高。整个研发过程速度越快，总开支越少，耗费时间越少。我应该提醒一下，这非常重要，我强调一下，要减少时间。不但要降低成本，而且要减少时间。在建议的结束阶段，更有机会意识到对最终产品的期望。

项目经理的工作是管理各个接合点，管理系统整体，而不是单独优化各阶段。

每阶段都有一个领导人，但涉及的每个人最好参与各阶段的工作。该团队最好有一名市场人员参与，尤其在零阶段。零阶段应该选择供应商和制造工具的人，在日本，他们一开始（零阶段）就参与工作，即使有可能他们拿不到这笔生意，但他们参与工作，成为团队的一员。当产品开发到最后阶段时，所需要的补给和工具已经准备好，就等着使用了。每个人都准备好了，开始干。

成品车的部门经理必须是发动机研发组的成员。

高层管理需要阻止任何高管或其他级别的人在生产线的末端提出好想法。好主意属于零阶段，现在说，而不是以后说。

研发系统必须被管理，它不会管理自己。

摘自福特汉姆大学的演讲报告

1992 年

管理中唯一重要的部分是知道如何管理人

管理失败的方式很多，其中的一个问题是大多数管理者宁愿处理成本升高、销售下滑的问题，而不愿处理人员问题。知道如何管理人是管理中唯一重要的部分，也是管理者们知道最少的部分。人会使管理者紧张不安，因为人事问题，管理者常常被束缚得无法动弹，不能做任何事，只得把工作转交其他人处理。

在我的印象中，一大问题是许多高层管理者（我这里是泛指）不懂他们自己才是必须承担大部分工作的人，他们不知道自己的工作范围有多大。如果他们不知道自己应该做什么，他们怎么能“在第一时间把事情做对”？在岗经验也不能告诉他们做什么。这也不是努力工作能解决的问题——人们一直在努力工作。

管理者需要理解必要变化后面的理论，知道自己的机构如何运作根本不够，需要外部援助，最好有能够长期共事的、经验丰富的顾问的帮助。顾问了解所有新管理方法和统计工具，他们带来新观念和视角。同时，他们不受内部政治的束缚，因此，他们的观点有可能被听取。当然，许多管理者在寻找“速食布丁”，不想被那些实际上是帮助他们把事情想透的人打扰。

我说的“速食布丁”指的是那些让我花一天时间，“给我们做你在日本做过的事”。几年前，西海岸的一家公司打电话给我，请我给他们的300名高管讲一天课。我拒绝了——就一天时间，他们什么也学不会，我怕他们只是困惑地离开。需要花时间了解自己的工作是什么，在他人的帮助下将学到的东西付诸实践也需要时间，这是一项大工程。管理者不知道这项工作有多大，不知道需要花多少时间。

管理人员接受教育不够——我是指高层管理。管理者必须学习新型管理，与他们习惯的方式完全不同的管理。

美国的管理层对美国产业衰退负有直接责任。西方世界任何公司面临的最大威胁不是来自竞争对手或日本。最大的威胁是他们自己在家门口造成的、因管理不善而引起的。如果工厂工人或任何人失业，就这件事而言，完全是因为管理不善，而不是因为失业不可避免。

在我看来，如果只根据可见数字经营公司，只需要一点儿时间，不但失去公司，而且也达不到那些数字目标。最重要的数字不为人知，也无从知晓，这个观点是我的好朋友劳埃德·纳尔逊博士提出来的。比如，一个不为人知的数字是满意的消费者继续购买或介绍他人购买所带来的乘数效果。另一个例子是不满意的消费者把自己的经历告诉朋友甚至敌人，警告他们不要购买该公司产品时产生的乘数效果。还有一个不为人知的数字是来自作为团队为公司做贡献的员工群体产生的乘数效果，他们觉得自己的工作重要，帮助公司改善，为自己的工作感到骄傲，他们的生活也随之改变——我亲眼所见。这些都是小累积，但是增加的速度非常快。要做到这些需要团队工作和优秀管理，而不是大量的数字。

管理者面对的不是大量信息，而是大量数字。他们的挑战是知道什么时候对某些数字做出反应恰当，什么时候不恰当。管理层必须懂差异理论：如果不懂差异，不知道差异是怎样从系统中来的，只能对每个数字都做出反应。其结果常常是补偿过度，如果顺其自然，效果会更好。

懂差异是优秀管理的关键，就拿持续改进来说，这个观点认为，改进过程的唯一方法是不断缩小差异。随着差异的减小，换句话说，提高产品的可靠性和产品的质量，成本就会下降。这是一个连锁反应，日本人已经明白多年，1950 年我教过他们。

当然，谈到改进过程，必须包括人员提高。如果管理层真正懂持续改进的含义，他们会给予员工任何学习和提高的机会，以及为公司做贡献的机会。公司不能只有优秀员工，他们需要的是不断提高的员工。

要了解工厂问题，必须和员工交谈，我的意思不是到处走。有人曾经把优秀管理描述为走动式管理。到处走走看看能有所帮助，但那样不能了解真正的问题。如果只是察看，一切都玫瑰般美好。发现问题的唯一办法是以小组为单位，和工人谈话，只问问题。先从这个问题开始："什么剥夺了你的工作自豪感？"他们会告诉你。

世界各地的工人告诉我，他们是唯一真正对质量感兴趣的人。他们说，他们只要求给他们一个为自己工作感到骄傲的机会。我敢说，现在 100 个工人中只有 10 个工人为他们自己的工作感到骄傲。

这里说一下工作中的几个障碍，一个障碍是不断强调质量。跟任何工人交谈时，他们都这么说，虽然管理人员也谈质量，但他们只看数字。现实情况是，如果没有数字，就丢了工作。经营公司凭的是感觉和道听途说。

有缺陷的原材料是另一大障碍。如果原材料有缺陷，无论如何也不可能做出令人骄傲的产品。廉价工具也妨碍了工人的工作，他们害怕跟老板反映问题。工人们说，如果反映问题，他们就会被监视。为什么？因为老板也害怕自己的工作，老板和他们一样感到无助。

小时工们因为不确定性而使工作受影响。如果在公司的未来不确定，怎么可能全心全意为这个公司服务？我曾经会见 40 名熟练技术工人，直到每个星期四他们才知道下周公司是否需要他们继续工作。其中一位说，“我们是商品”，我明白这两者之间的联系。在商品交易中，今天不必买任何东西，可以推迟到明天，这些工人就像商品一样被买进卖出。

因恐惧而付出的代价极大。总会计师因恐惧而造成的损失是多少？数字巨大，没人知道有多大。让人们敢于表达自己的想法，不让人害怕被报复。这需要根本改变，从取消每年的评估制开始，代之以团队工作。工厂里，如果领班没有停止发出危险警报的机器，你看到的是恐惧，因为领班害怕完不成今天的工作量。小时工们不敢抱怨工具无法正常使用或材料有缺陷，在有些公司，抱怨 3 次，就会被监视。

服务业面临与制造业同样的管理问题和改善的最好机会，任何曾经在宾馆住过或在餐馆吃过饭的人都知道我在说什么。服务产业，包括教育、政府和医疗，都需要改善。像制造业一样，服务产业也需要不断改善。

从事服务业的人不知道他们也有产品。我发现，当人们有兴趣改善服务时，他们的工作变得更有意义。无论从事哪一行，如果明白自己的工作是什么，在意自己的工作，将会有更多工作乐趣。

管理者不敢做让自己满意的工作，他们觉得，如果他们说出在某个方面偏离政策的想法，自己会成为众矢之的。如果不能对“政策”表示异议——如果你不发声，没办法表达自己，并为自己的观点辩护，你可能全心全意地投入工作吗？不可能。换句话说，没有团队工作。如果害怕自己的工作，就不会表达自己的想法。

我一而再，再而三地强调，年度个人业绩评估是一大障碍。在大多数评估系统中，有人必须得低评价，没人考虑这个事实：人与人之间的差异大多数来自系统。低评价让人感觉非常沮丧，尤其是那些前一年评价好的人。如果大家知道这只是像买彩票一样碰运气，他们只会自认倒霉。

绩效制这个主意非常有诱惑力，给予人的想象是：按劳付酬；付一分钱得一分货；激励人尽最大努力，为了他们自己的利益。结果恰好与这些期望相反，每个人被迫往前走，或者努力进步，为了自己的利益。最后，公司失败。为什么？因为如果一个人的评价低，他会做什么？去找别的工作。在我的印象中，员工跳槽正在破坏美国的管理。换个方式说：我合作的每个人都是机构的高级管理，因为他在年度评估中遥遥领先，所以坐到这个位置，但代价是毁掉了其他几十人的生活。有更好的办法。

摘自“采访威廉·爱德华兹·戴明博士”

《世界经济论坛》第 13 期

1991 年秋

THE ESSENTIAL DEMING

20 世纪 70 年代和80 年代早期，戴明旅行的时候，喜欢写一些文章，文章含有如何理解和对待雇员的重要思想。他想让管理者知道，妥善处理雇员问题可促使机构的改善。他把这些思想总结为“原则”。根据听众的不同，这些原则在数量和细节上多少有些变化，有些文章比其他文章多些统计内容，但都有一个共同的核心：如果明白在系统中人如何工作，把他们当作系统的一部分对待，产品或服务的质量一定会提高。

下面是从这些文章中抽取的两篇，非常不同，我相信，能让你体会这些文章的风格。

质量和效率管理新原则

原则一　统计方法涵盖生产线的每一个步骤，从规格和进厂原料检测到使用中的产品测试，再到消费者调查、产品的设计和再设计、新产品和新程序的设计（见图 5.1）。产品要测量，必须统计控制测量过程。消费者调查和产品革新特别需要强调统计方法。

原则二　当生产工人导致产品缺陷的原因处于稳定的统计控制时，提醒他注意自己生产的残次品不但令人沮丧，而且因此付出不小的代价。实际上，他只是从碗里随机抽取样品而已，无法控制他随机抽取的黑色珠子的外观，他抽到的样品受制于系统中黑色珠子所占的比例，只有管理者才

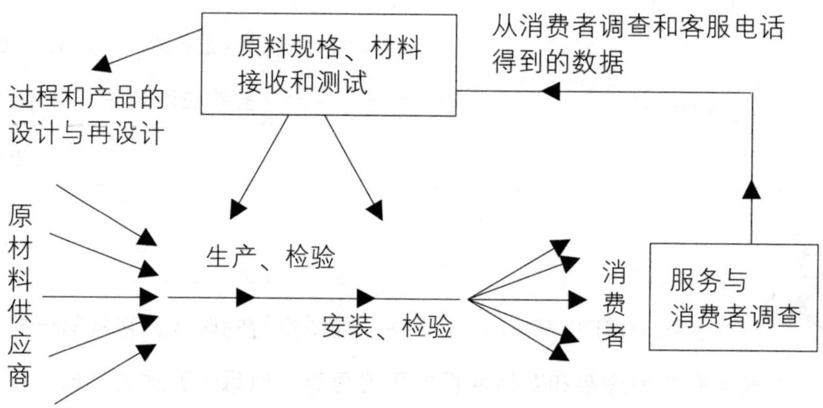

图 5.1　生产线，从设计、原材料到消费者。从消费者调查和服务需求得到的数据给产品再设计、改变原材料需求和生产提供了根据

能改变碗里的黑色珠子的比例。

原则三　如果一名工人就当前工作已经形成稳定的统计控制，但质量和数量产出不令人满意，最好给他换一个完全不同的工作。

原则四　如果工人的工作还没有达到稳定的统计控制，可能需要对他进行培训或再培训。

原则五　在混乱状态中（监管差、管理差，没有任何事物处于统计控制），生产工人不可能发掘自己的潜在能力，以及保证产品质量一致和提高产品数量的能力。

原则六　以产品规格的最大和最小限度指导生产工人不仅代价高昂，结果也不会让人满意。培训时只教生产工人如何做到产品没有瑕疵是不够的，培训应该包括使用图表，得到统计控制。

原则七　因此，从最经济的角度考虑，工作描述应该要求达到统计控制，不需要仔细检验，单个产品符合产品规格。

原则八　好质量不一定就是高质量，它主要说明质量一致与可靠，成本低，是适合市场的质量。

原则九　质量不同会导致损失，即使质量差异还没有超出规格范围。

原则十　导致生产成本高、失去竞争地位的原因可归为下面两大类：

系统错误（普通原因或环境原因）占 85%	特殊原因占 15%
这些错误一直停留在系统中，只有管理者才能消除；检查特殊原因的统计技术通常也很容易查出这些原因造成的结果	这些原因是专门由某个工人或某台机器引起的，统计信号检查出特殊原因的存在，通常，工人能发觉和纠正

原则十一 混淆两种不同原因将使各级人员受挫，造成更大差异和更高成本——与所需结果恰恰相反。

幸运的是，几乎无误的精确可以避免这种混淆。简单的统计技术，如分布图、运行图、休哈特控制图等都能查出特殊原因的存在，各种书里都介绍了这些技术。

汽车召回，无论问题出在哪里，都不能怪工人，而应该归咎于设计、系统，因此是管理者的错。

原则十二 任何制造过程或测量过程的第一步是取得该产品一项主要特征的统计控制；然后第二个、第三个。一旦获得某操作过程主要质量特征的统计控制，该过程已经为下一步做好了准备——改善，这是管理者的责任。

原则十三 某过程只有处于统计控制状态时，才具有一致性和预测能力。在这个状态中，产品的主要质量特征没有达到标准，只会在可预计的限度内、在特定的条件下发生。产出能够被预计，生产成本同样也能预估。

原则十四 只把质量特征控制在规格范围内的机械指导不会提高未来产品质量的一致性，经济利益也是如此。不会改善系统。

原则十五 测量，无论简单还是复杂，目测还是用工具测量，都是生产过程的一部分，必须处于统计控制，以便买卖双方都有利可图。检验也必须如此，否则跷跷板一样变化不定的检验结果会使生产工人感到沮丧。

原则十六 消费者是生产线上最重要的环节，消费者调查和服务测试是统计问题。

原则十七 没人计算过消费者手中的缺陷产品可能损失多少生意。

原则十八 定义产品质量不容易，产品质量取决于消费者的看法。

产品性能是以下三方参与者互动的结果：①产品本身；②用户以及他如何使用该产品；如何安装；如何维护；使用条件（如消费者让灰尘进入

轴承)；③使用说明、用户培训、提供的维修服务；维修人员的培训；是否有备用零件。

原则十九　无论如何努力，没有什么系统能避免事故的发生。人、人员培训、监管和训练都是系统的一部分。事故发生时，几乎每个人的反应通常都是将事故归咎于某个特定的人或特定条件（设计缺陷、故障、粗心大意）。这样做几乎都是错误的，肯定麻烦会继续发生。改善系统能减少事故率。

摘自“质量和效率管理的新原则”

马尼拉

1971 年7 月 2 日

过度辩护效应

公司是否因过度辩护效应而遭受损失？当然不会有数据，最重要的损失没有任何数据显示。今天上午有人问了一个问题：“如果有人表现好，你怎么奖励他？”为什么应该奖励他？奖励他有可能打消他的积极性。最先跟我解释过度辩护效应的是乔伊斯·奥尔西尼博士。有个小男孩，不知道什么原因，突然想每天晚饭后洗碗，他的妈妈很高兴有这样的好儿子。一天晚上，为了表示感谢，妈妈递给小男孩一个 25 美分的硬币，从此，他再也没有洗一个盘子。她付给他钱改变了他们之间的关系，伤害了他的自尊。他洗盘子纯粹是因为给妈妈洗盘子他感到高兴，一旦妈妈给他钱，他觉得自己变成了奴隶，一名雇员。完全不一样，绝不再洗盘子。

很容易发生这样的事，我做过无数次，自己都数不清。有时，我都意识不到。一天，我很晚才到底特律的一个宾馆，又饿又累，我希望能在11点餐厅关门之前进餐厅吃饭。我知道，即使餐厅关了门，如果我大声敲，餐厅经理也会让我进去，无论如何都要给我找点儿吃的，但我不想让人讨厌，争取及时赶到餐厅。因为我担心来不及，一名男子拿起我的包——很重，走得飞快，我几乎追不上。他把包拿进我的房间，放好，给我节省了时间，我很感激。应该感激，对不对？当时，我做了什么？我摸了摸口袋，找到2美元，把钱递给他。我伤害了他，他给我拿包不是为了钱。我做了一件多么可怕的事，我以为我会吸取教训。

我以为我会吸取教训，但还是犯了同样的错误。2周后，我从明尼阿波利斯乘美国航空公司的飞机，抵达华盛顿的国家机场。没有其他航线，还能怎么走？就这么一条航线。我去拿行李，一名穿制服的女士拿起了我的包。我知道，这个包对她来说太重，但她拿起了包，一只手提着，另一只手扶我走下飞机，穿过机场，下电梯，直到把我送出机场，送到司机等我的地方。我非常感激，从口袋里掏出5美元。“哦，不用。”她说。我又做了同样的错事，很容易犯这样的错误。我伤害了她的感情，再次犯同样的错误。

这是否意味着我们不用对他人的帮助或出色的工作予以肯定。不是的。这意味着我们要用适当的方式表达，因为错误的方式会伤害他人。你的公司因过度辩护效应损失多少？为建议支付报酬，也许吧？奖励表现突出的员工？这花了多少钱？当然你不知道，没人知道。

有一次我去医院看病，右腿发炎。我的医生戴维斯给我开了药，是他自己配的，很有用。他寄来了账单，我不仅签了支票，也写了张便条，三四行字。写了什么，我不记得了，大概是对他的医学知识表示感激吧，也谢谢他对我无微不至的照顾。几周后，我偶然遇见了他，他在去某个地方的路上，我正好跟他逆向而行。我们停下来，聊了一会儿。他已经忘记了支票，但那张纸条还在他口袋里。想想这张纸条对他意味着什么，这次我做对了！一张表示感谢的小纸条。纸条上写的那些话不重要，重要的是这些话背后的精神。想想这张纸条对他意味着什么，他在乎它，也许会影响他的整个行医生涯。2 年后，我去华盛顿看索特医生。要离开的时候，他对我说："你知道吗？昨天我碰到了戴维斯医生，他问起了你。"这不是很好吗？我做对了，就一张小纸条。如果我在付给他的支票上加 5 美元，表示我的感谢，会怎么样？我会伤害了他，可能他会把那 5 美元的支票撕掉。如果是 50 美元呢？也许他觉得我该进精神病院，我做了一件正确的事，说一些善意的话。

如果真想给钱，有办法，把钱交给医院，让他决定这笔钱该怎么花，他可以买一些设备，或者用来帮助那些付不起医疗费的病人。

许多管理者觉得，现在的评估方法不能把个人贡献与系统的其他部分区分开来，他们认为，应该开发一个新的能区分个人贡献的奖励机制。很容易忽略要点，即使有非常精确无误的评估方法，能把个人贡献与他工作的系统贡献区分开，为什么居然还有人认为，这样做能改善人员或系统？如果这样做，必须先把人的士气打垮，然后才能激发他提高。这是错误的想法，一旦消沉，那些人将一蹶不振。

摘自 CEO 研讨班的发言
"质量、生产率和竞争地位"
1992 年

领导力与人事管理

什么是领导人？我在这里用的这个词的意思是：领导人的工作是完成

机构转型。他有知识，自己已经被转型。他有个性和说服人的能力。他怎么可以完成转型？首先，他有理论。他理解为什么转型能给他的机构带来利益，并给所有与他的机构打交道的人带来利益：顾客、供应商、环境。其次，他觉得必须完成转型，转型是他对自己、对机构肩负的义务。第三，他是个实际的人，有计划，一步一步。

举一个领导人的例子，就拿莫里斯·汉森来说吧。他比我小 11 岁，1990 年 10 月 9 日去世，享年 79 岁。他是一个领导人，一个符合这个词意思的领导人，非常出众。这事是怎么发生的呢？20 世纪 30 年代的美国处于经济大萧条，1929 年股票市场的崩溃引发了这个国家深深的经济危机，一场真正的大危机。30 年代的失业率极其严重，虽然那时候失业和就业的定义还没有形成，当时使用的词是有收益的工人，如一个人赚了钱，他就是有收益的工人。与此同时，许多专家都有他自己的方法，估计美国没有被有偿雇用的人数。这些估计的数字大相径庭，全都被放弃。议会为这些胡乱估计的数字大伤脑筋，下令对那些没有被有偿雇用的人数做一次人口普查。听起来很简单，太简单了！邮政部有全部的邮递线路表，没有邮递线路的也有邮箱。他们觉得，非常简单。只要邮递员和邮局负责人估计他们邮递路线上的人数，以及没有被有偿聘用的人数。邮递路线上的人数和没有有偿聘用的人数，一切都非常简单，但做起来很难。美国联邦紧急救援署（FERA）——人们大概已经忘记这个机构了，我们希望人们忘记——负责执行这项工作，进行失业人口普查，他们招募了约翰·比格斯先生。当时他担任里比·欧文斯·福特玻璃公司的总裁，一个很了不起的人物。他是负责人，这项调查于是变成了比格斯调查，结果很失败，完全失败。工作量太大，不能那么做，那样没法做。

1924 年，莫里斯·汉森 24 岁，那年他刚刚从怀俄明大学毕业，师从福里斯特·赫尔教授。之后他在华盛顿的美国大学继续学习，读硕士。他了解一些概率论方面的知识，知道怎样在调查中使用概率论。他周密制订了一个计划，选取52条邮递路线，这52条邮递线路是随机抽取的，对这些线路进行彻底、仔细的调查。比格斯调查的错误太多，被忽略的人太多，错误答复也非常多。邮递员的工作是送邮件，不是收集信息。莫里斯·汉森清楚解释了他的方案，随机抽取52条线路，为什么不是53条？53条可能多了，工作量太大，51条线路不能提供所要求的精确度。这听起来很苛刻，实际上就是这么苛刻，但52条线路刚刚好，能提供所需要的精确度。

我要说明的要点是，莫里斯·汉森成为该调查项目的领导人，他脑子里有一些概率知识，以及切合实际的设计：邮递线路抽样，获得必要信息，而且，他能把他的方案解释清楚。

要是仅凭他自己，这件事不可能成功。他说服了足够多的、愿意并能够理解他的理论的、有影响力的人。这些有影响力的人是萨缪尔·斯托佛博士，威斯康星大学社会学教授，一个了不起的人；另外还有斯托佛博士的两个学生：菲利普·豪泽和弗雷德里克·斯蒂芬。斯托佛博士和那两名学生能懂莫里斯·汉森。他们有知识，能理解他的理论。莫里斯制订了一个很实际的计划——简单、规模很小，而且传到了这些有影响力的人的耳朵里。他们愿意听，也渴望听。他成功了，完成了调查，得到的数字被认为很有用，非常可靠。这是美国概率抽样的开始。

他是领导人。现在再问一遍，领导人要具备什么样的条件？知识、简单切合实际的计划、能把自己的想法向别人解释清楚，而且能让有影响力的人听进去他的话——把事情做成功。每周，我都会收到遭遇挫折的人写来的信。有的信来自通用汽车公司，有的来自你们的其他同行，还有的信来自其他行业，不是汽车。其中有些人有非常好的计划，只是计划，这些计划只有一个小问题——非常好，可是我看不懂。我的意思是，太复杂，没有解释清楚，所以我不懂。写信的人感到沮丧是因为没人愿意听，问题在于他们的计划不够简单，或者他们不能用其他人能理解的语言解释清楚。你的脑海里可能有奇思妙想，但是如果不能告诉别人，它只能存在你的脑子里，永远出不来。构思实际方案，并解释清楚非常必要。美国人遭遇的挫败感令人吃惊，心怀善意的人有非常好的想法，但他们不能付诸行动。恐怕主要的问题在于他们不能以其他人理解的方式把他们的计划说清楚，我想他们能从领导力这一章得到一些东西。

统计方法产生了作用，公共事业振兴署开始每季度调查一次失业人数，后来变成每月一次，现在还在执行，你每个月都能看到公布的失业人口数字。失业调查得到了凯普特先生的帮助，1940 年，他主管人口普查事务。他是政界指派的，人们感觉不寒而栗，人口普查事务部的人也感觉不寒而栗。想想，政界指派，懂什么人口普查？什么都不懂。政界指定的人当人口普查的负责人，人们以为人口普查将永远结束。结果证明，他是一名非常优秀的管理人员，我一生中认识两三个优秀管理者，凯普特先生就是其中之一，政界指定的管理人。有一次，他曾经对我说他权力很大："只有总统才能开除我。"他要让自己感到满意，他是个很难满意的人，他自己让自己的生活变得不容易。他只对自己负责，他能把工作做好，他的确把工作做得很好。他具有神奇的、发现他人能力的能力，给他们安排合适的工作。

再问一遍，领导人的要求是什么？知识，能执行的、切合实际的计划，以及用他人能理解的方式解释计划的能力，并能把计划传达到有影响力的人耳朵里。也许有人要说，我不可能接触到有影响力的人。如果你能写便笺，能写半页纸的计划，就可以做到。只要足够简单，你的老板能看懂。让他把便笺交给他的老板，一级级往上传，这就是办法。但是，如果把计划描述得很复杂，没人能懂，你的计划从此便销声匿迹。恐怕我见过的大多数计划都有这个问题。

摘自在福特汽车公司的演讲

1992 年

THE ESSENTIAL DEMING

在福特汉姆大学戴明奖学金MBA 课程的一次演讲中，戴明谈到了当前盛行的管理风格中存在的专治。

我们生活在监狱里，当前盛行的管理风格，人与人之间、团队之间、分公司之间、同行之间的交往模式是专治。我们需要彻底推翻现在的理论和实践，重新开始。必须推翻认为竞争是必要生活方式的观念，我们需要以合作取代竞争。我们需要审视今天统治我们的那些观念产生的结果，学习更好的方法。

政府、产业和教育需要转型。管理处于稳定状态，转型要求走出现在的状态，不只是在现有系统中缝缝补补，要彻底推翻现在的一切。当然，我们要扑灭正在发生的火灾，但灭火不是改善。如果这里起火，有人喊："着火啦！"冲过去拿灭火器，拉消防警报，全都跑出去，感谢上帝，我们都出去了。之后，管理者们把这里恢复到火灾发生前的老样子。6 个月后再进来，再也看不出任何发生过火灾的痕迹。一切恢复原样，水平一流。这不是改善，只是把东西放回到原来的位置，灭火不是改善。

转型会将我们带入新的奖励机制。必须恢复个人与其余世界的交流。转型将释放人力资源的内在力量，以内在动机取代竞争高评估、高分数。人与人之间、团队之间、分公司之间、公司之间、政府部门之间、国家之间需要就共同的问题进行合作。结果将带来更大革新、更先进的应用科学、技术更好、市场扩大、服务更好，每个人得到的物质奖励更多。因为了解自己的工作是什么，因而享受工作的快乐。谁依赖我？我依赖谁？学习有乐趣，有工作乐趣的人也是愉快的合作伙伴。每个人都赢，没有输家。政府部门的功能应该是协助商业，不要禁锢商业。我们能牢记这些吗？

摘自在福特汉姆大学的演讲

1992年

THE ESSENTIAL DEMING

大约一年后，戴明访问福特汉姆，他举了两个例子说明责任分担如何意味着没人承担责任，以及它与联合责任的区别。

工资卡的例子：我和一个客户正在工作时，进来两个某分公司工资管理部门的人，他们给900名小时工发了工资。他们觉得必须跟我谈一谈，他们贸然闯进来，因为他们必须和我谈。

我问他们："什么问题？""工资卡的问题。我们争取星期四做完上一周的账目之后，把工资发给工人，费了很大力气才把那些卡弄好。"我问："卡怎么了？""遗漏、条目错误、条目之间不一致。发工资之前，我们必须把这一切都纠正过来。为了能赶在星期四结清上一周的账，把工资发给工人，我们加班加点，有时星期六的晚上还在工作。博士，现在，情况越来越糟，而不是好转。""让我看看你们的工资卡。"他们把卡递给我，问题很明显，要求两个签名，没人负责。这就是问题，工人要签字，领班也要签字。谁会负责呢？没人。领班认为，工人应该知道自己做了什么，所以签了字。工人把这事推给领班。于是在他们之间发生错误和遗漏。

责任分担意味着没人负责。我对他们说："我告诉你怎么办。你拿出下周要用的900张卡片，用彩笔把领班的名字划掉。我不管你把谁的名字去掉，但我建议你删除领班的名字。下下周的卡也是一样。等到印刷新卡时，不要把领班的名字印上去。3 周以后，问题没了。

还有一点，如果工人没把卡填对，或者领班没填对，把卡还给他们重填，不要自己做，还给他们。不需要在卡上印："你的工资可能被延期发放。"只要把卡还给他们就好了。只要一周，问题就会消失。结果怎么样？星期一下午，十几个人的卡被退回，星期二下午，又有十几个人的卡被退回。星期二下午，900 个人全都知道，如果自己的卡没有正确填写，就会被退回，工资被推迟发放。"你知道吗，我的卡被退回来了，从来没听说发生过这样的事，我的卡被退回来了。"星期二下午，900 人全都知道了这件事，他们要把卡填正确。一周以后，问题消失了。

秘密：没有秘密。只需要知道工作是什么。责任分担，没人做事，这是谁的任务？肯定会发生错误。

校对的例子：大卫·钱伯斯告诉我说，在某印刷公司，任何东西都要校对 11 遍。无论钱伯斯先生在哪儿，印刷公司的经理都会电话找到他，请他去一趟。最后，钱伯斯先生终于去了。尽管校对了 11 遍，但还是有错误。我说："大卫，也许 11 遍是对的。需要一个人或两个人校对拼写；需要一个人校对有连字符的词；另一个人校对行末的连字符；一个人校对遗漏句；另外要一个人校对段落的过渡；一个人校对一纵列的末尾和下一列的开始。如果是产品目录，还需要一个人校对价格，另外一个人校对标题，所以，大卫，已经需要 9 个人了，也许 11 次校对是正确的。""噢，不是，根本不是那样。11 名校对者每个人都是全文通读。"也就是说，每个校对人都有其他 10 个人校对他的工作。没人履行责任。结果：错误。

连带责任：现在有一种连带责任制，它完全不同于责任分担制。许多活动包含连带责任，一个例子是老师和学生，在老师的指导下学习是连带责任，需要老师与学生共同努力。在某机构工作的任何人都是或应该是与供应商和客户联合工作。两个人在同一张单子上签字是为付款承担连带责任：任何一方或双方都有付款义务。婚姻产生连带责任，每个委员会的成员对其他委员都负有连带责任，即每个委员对该委员会的推荐都有责任。我们不能逃避责任说："哦，那是委员会的事。"因为这个原因，如果没有发表相反意见的特权，我不会做委员会的成员。当我与委员会的其他成员意见不一致时，我觉得有责任把我的意见说出来。我必须有汇报少数人意见的特权，公布委员会报告的同时也公布少数人的意见，因为如果是委员会的成员，你就和其他成员共同承担连带责任，你也该受责，除非你发表了少数人意见。

摘自福特汉姆大学的演讲

1993 年

THE ESSENTIAL DEMING

戴明相信，大多数人，包括我们自己，过于匆忙决定提拔公司的某个人。这是他在通用汽车公司研讨班上对此做的一些评论。

升职是担任新工作，从一个工作调到另一个不同的工作，人们无法有把握地预计被提拔的人会在新岗位做得很好。

这件事我已经知道 20 年了。通常，选择被提拔人的方法是推荐。还有更好的办法吗？是否有升职的机会取决于了解他的那个人——换个说法，谁了解你？这种方法好吗？我不知道还有什么比这更好的办法。

如果推荐提拔某个人，你要诚实、公正。除非可以肯定他能做好，否则你不敢推荐他。你有权利犯错，但你非常相信他能把工作做好。你推荐提拔他，因为你对他非常肯定，否则不会这么做。当然，你可能会看错人。

如果能评定，现在的工作业绩是提拔的基础，但不据此预计这个人在新工作中的表现，升职是从事一项全新的工作。我意识到，在海军和陆军，升职意味着多加一道杠，但这里我不是这个意义上的升职。我这里所说的升职是担任新工作，也许是同一个工作机构的头头。一个全新的工作。

任何人都毫不怀疑，有个人要成为制表部门的领导人，没有人比他更好，毋庸置疑，他将是一个非常出色的领导人。他被提拔当了制表部门的头儿。3 个月来，他曾试图结束自己的生命，但没有成功。他的新工作完全失败。现在他在制表部的工作业绩非常出名，每个人都认为他是个非常好的领导人。但以前不是这样，他遇到了各种麻烦。当时，在我看来，我们能采取的最好办法是说服他继续当制表部的领导人，让我们来帮助他。负责他的心理医生同意我的观点。我们全都帮他，他学习做新工作，变成了非常出色的领导人。这是一个愉快的结局，但几乎成了夺命结局。

另外一个例子。我曾经非常肯定，没有比这更确定的事，我觉得某个人应该被提拔为那个分公司的头儿。那时，我在那里当顾问，我对这件事没有任何怀疑。他是一个极为出色的人，很有才华，在数学方面我完全不如他，他还是医学博士。这个分公司 3 年都没有任命负责人，于是我给公司的最高领导人写了一张便条，请他结束这种局面，让这个人担任分公司的负责人。他为什么这么多年一直拖拖拉拉，不处理这件事？最后，他终于让这个人做了分公司的领导人。但 22 年后，直到退休，我推荐的这个人也没有做出任何成绩，绝对没有任何成绩，什么事情都没做，我错了。

提拔一个人需要什么条件？怎么知道一个人能否胜任他的新工作？这当然不是一件短期能完成的事，也许需要几年时间了解一个人。我们都匆忙下结论，一个人是否杰出要许多年才能看出来，任何人都需几年才能表现出在某领域的才华。如果想不出 12 个年龄很小就取得非凡成就的历史人物，就不能吃晚饭，我们大家全都得挨饿。我们一起想，搜遍整个历史，能找出 12 个早年取得非凡成就的人物吗？我想我们大家都吃不上饭了。我先开始，亚历山大大帝、牛顿。牛顿 22 岁写出了牛顿运动定律，当然用拉丁语，这样人们不会误解这些定律。22 岁，有人可能要说了，莫扎特也算是。莫扎特 33 去世，但他在 20 岁、22 岁的时候，把年轻时写的东西撕掉或重写。算上莫扎特，3 个。还能想出更多人吗？居里夫人。我不知道她发现钋的时候是多少岁，我想当时她还是个青年。你能想出 12 个人吗？我怀疑。我们是否匆忙给人下结论？任何人，无论做哪一行，都需要多年时间才能取得优异成就。

医学博士、外科大夫、律师、化学家、物理学家、心理学家，无论他是什么，都需要经过多年的努力，才能走到那一步。同时，什么使他优秀？是他的知识，他值得信赖，他不会尝试做他不能做的事。我们是否过于匆忙对人下结论？

摘自通用汽车公司的演讲

1992 年

第六章

知识不可替代

信息不是知识

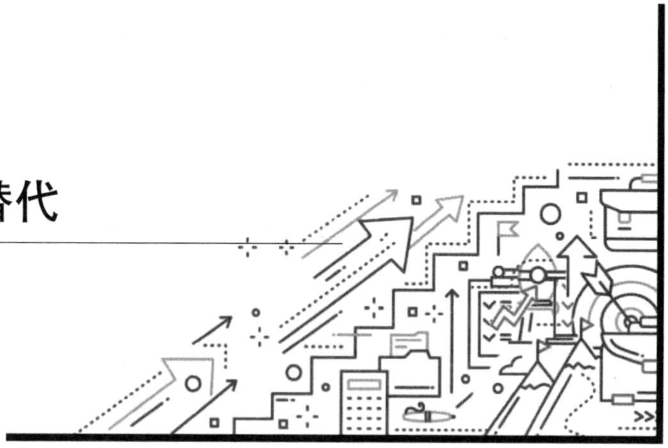

THE ESSENTIAL DEMING

1990 年 5 月，戴明在道林大学的一次演讲中说：“不能强迫任何人学习知识，必须要他们自己要求学习知识。”

无论走到哪里，戴明都能看到很多数据表、电脑打印的文件和各种信息，但很少有知识。他说，人们不知道怎样获得知识。戴明常常指着数据表说：“太多数字——没有知识。”

各阶段的在校学生死记硬背信息，而不是学习如何思考。20 世纪七八十年代，戴明在写作和演讲中都谈到提高教育的必要性。他给所在学校的系主任和同事写过很多纸条，这些纸条的上方都写着：“请打印，费用我付。”无论他是否是那个大学的终身教授，他一定要确定没有把学校资金错误地花在他知道会引起争议的问题上。

这一章包括戴明关于怎样提高教育的许多信件和演讲稿。

THE ESSENTIAL DEMING

在下面这篇演讲稿中，戴明解释了信息和知识的差异，他说需要教学生如何构想、使用和修改理论，用于解释和预测。同时，应该教他们如何收集和使用信息与数据，以修改他们的理论。他认为，教育应该是培养学生更准确地预测，更好地理解过去。

信息不是知识

什么比儿童教育更重要？我们知道工厂把材料运进来、从原料到半成品或成品。我们知道，材料低劣、设备差会带来什么灾难性的问题。如果烘焙店进的原料质量很差，或者与通常使用的面粉和油大不一样，糕点师很难做出好糕点。我们知道银行、零售、批发、交通等领域发生的错误。

儿童是原材料，他们将管理国家、产业、农业、服务业，以及我们的政府，未来的工作都由他们完成。是否还有什么比儿童和儿童教育更重要？各阶段的教育都很重要，尤其是初始阶段。

我和管理者们谈，也在研讨班说良好开端的重要性、管理的目的。这个管理目的必须由那些将目的付诸行动、付诸设计、付诸生产和付诸实现的人来完成。教育的目的是什么？

我知道，这里在座的听众有开发商，我想他会赞同我这个说法：一旦某建筑计划实施了 15% (如一栋房子、一幢大楼)，要想修改的话，已经太晚了，除非为了绕开大灾难，修改费钱费时。也应该以同样的方式思考教育，也应该想想教育的目的，以及如何实现这个目的。一年级——开始阶段——非常重要。

几年前，杂志上登了很多文章和写给编辑的信，解释约翰尼为什么不能阅读。3 年前，我在《大西洋月刊》看到关于相同主题的另一篇文章，这篇文章解释约翰尼为什么不能阅读的原因是现在没有很多有趣的东西让他读。我上学时看过的那些故事很有意思。这篇文章说，现在我们没有那样的故事。现在我没有回学校，去一年级、二年级、三年级查看是不是这样，但作者解释说，现在孩子们练习如何阅读的书让他们犯困。

任何有工作的人，无论追求的是什么，无论付出了多少努力，也不管他做的是哪一行，从事建筑、教育、邮政、运输、制造业、任何服务业等都有客户。有人需要利用你的工作成果做点儿什么，这是一个生产链。

给孩子们选学习用书的人的客户是读这些书的孩子，选书的人是校董事会，不是老师，不是学监，当然也不是孩子们，孩子们只是使用给他们选定的书。校董事会选书，孩子们读书，除此之外，没什么可以读的书。不再有种族、肤色、宗教，甚至不再有性别，没有这些东西。还剩什么？故事很乏味，读这些故事，孩子们要睡着了。

我想现在的孩子和我们小时候一样聪明，但根据有关数字，美国3300万成年人是功能性文盲，他们可能知道字的发音，但看不懂它们的意思。

或许我们应该思考要生产的最终产品及其生产方式。消费者是谁？校董事会为谁工作？学监和老师们为谁工作？

看一下纳税人的钱都用在公立教育的什么地方？工资表上一半人员根本不教课，难怪老师们工作过度。工资表上一半的人不教课，他们是学校系统中所谓的服务人员。我们需要所有这些服务吗？我不知道，应该想一想这件事。

1985年4月《哈珀》杂志上有一篇文章，标题是“约翰尼为什么不能思考”。约翰尼从来没有思考的机会，孩子们不再有机会思考。考试就是在方框里打钩，孩子们的脑子里满是各种答案。有些孩子或是知道正确答案，或是凭运气，在正确的方框内做了记号，有些因为运气不好，选错了方框。如果不能确定，要么是头，要么是尾。那不是思考，那不是教育。

如果脑子里有足够的信息，能选对答案，很简单。这样做节省劳力，因为老师片刻就得出学生的成绩表、柱状图和对比。老师和学生都不需要思考，全都很简单。教育考试服务中心也是以同样的方式给申请人评分。我没说错吧？

我们都是电子产业巨大成就的牺牲品吗？这样的成绩表能测试教育水平吗？我向教育考试服务中心提出了这个疑问，我想他们不喜欢我这个问题。

我更愿意让学生交给我一张纸，上面写出他为什么觉得某问题的某答案可能对，在什么情况下可能错，为什么另一个答案可能对或可能不对。这要求他思考，给他思考的机会。如果他学会思考，我不在乎他的答案是对还是错。那样要求他思考，也要求老师看他在纸上写的东西。我们在创造什么？能思考的孩子，还是脑子里装一大堆信息的孩子？

从知识理论课程中可以知道，除非在一定的时间范围内，否则任何句子里的任何表述、任何结论都没有意义，不能增强你对未来事物或过去事物的信任度。约翰尼的脑子里充满了答案，像一本字典，他不再思考。当然，字典很重要，但字典不能替我思考。约翰尼让自己的脑子塞满各种信息，他能选对正确的答案，能通过考试，但那不是教育。选对选项解释不了任何事，不能帮助约翰尼预测或解释过去发生的事。

通过解释过去发生的事，科学进步，如地质学、几何学、人类学、地理、化学。科学不是装满词条的字典，而是关于世界的知识，这意味着解释过去发生的事、预计将来会发生什么都是在一定的时间范围内。我们修改理论，于是我们学习。我们感谢字典，但字典不能为我们规划行为路线，它不含知识，只有一个个的字。什么是思考？构想、使用和修改理论，以解释将要发生的事。没人知道将来会发生什么，但我们能将理论付诸试验或观察。教育应该培养人们做更准的预测，并更好地理解过去。学习增强信念，但信念的程度不能衡量，不是 8、9 或其他什么东西。

摘自戴明在西达克瑞斯特学校开幕式上的演讲
1985 年 10 月 12 日

商学院应该教什么

商学院有义务为学生打好基础，准备领导转型、终止衰退、逆转局势、带动美国的复苏。应该教他们系统理论和渊博的转型知识理论，应该教他们导致无法衡量的损失的原因是短期思考、人员评估、挫伤积极性、激励性工资、按业绩付酬等。渊博的知识告诉我们为什么这些措施导致损失和人员伤害。

但是，在商学院谁有能力培养学生，为他们的将来做准备？商学院应该教什么才能使学生为将来做好准备？现在他们教什么？他们教如何做生意。确切地说，这不是我们想要的。他们教学生维持现在的管理方式，这恰恰是我们不需要的。

不知道教什么，两个商学院——纽约大学斯特恩商学院和哥伦比亚大学商学院的研究生院（还有许多其他学校）向学生们征求建议。学生怎么知道应该教什么？快到期末的时候，他们问学生："你觉得什么阅读材料和课文对你个人而言最有价值？什么最没有价值？"也许 50 年后，他们对这两个问题会有一定的看法。

我在纽约大学商学院做了一项调查，1972 年该学院院长找到我，建议我们对在这个学院就读过的并且已经毕业 10 年或 10 年以上的学生做一个调查。他们怎么样？我们怎样才能给予他们更多的帮助？非常好的主意。我怎么没想到这点，真想踹自己一脚，这正是我应该做的。

我们做了这项调查，发现只有 6 位老师被称为是"我一生中最了不起的老师"。那么多年，这个商学院有几十个老师，只有 6 位，他们只提到了 6 位老师。当那些学生还在那里读书的时候，他们没有意识这点，他们不知道这些老师非常了不起。这 6 位老师没有一位得到"年度教师奖"。

没有一个人！院长也没有想方设法留住这6个老师中的任何一位。没人知道他们很优秀，直到很多年以后，学生们才意识到。

问学生什么方面的内容很重要，值得下学年再花一些时间学习。学生怎么知道？老师怎么知道？我倒是希望我能回答这些问题。

现在我们谈一下教育。当今美国的教育令人深感担忧，除非取消学分制（A、B、C、D），从蹒跚学步的儿童直到大学。学分常常是强迫性的等级评价，只有20%的学生能得A，30%可以得B，30%可以得C，20%可以得D。强迫性等级评价。缺少好学生吗？我觉得不是，为什么缺少好学生？我不认为缺少好学生，为什么只是20%？荒唐。也许没人能得A，也许每个人都应该得A。我觉得，强迫性等级评分制是错误的。

取消教师考绩制，谁知道优秀的老师是什么样？只有等事情过后，人们才能领悟。取消以分数为基础的校与校之间的评比，评比的目标是得到高分数，不是学习，只是把学生的脑袋塞满信息。取消运动场上的金色的星星。实际上，我们比自己想象的还要糟。

如果我们的未来在于特色产品和服务，从规模生产转为自动化，再转到其他国家，那么提高美国的教育更加重要。从现在开始，我们的生活取决于能给这个国家赚钱的服务业，依靠高质量、高利润的机器和仪器。其中之一是飞机发动机，另外一项是飞机。高价值、高利润。我们做得很好，应该继续。美国电影赚了很多钱，曾经有段时间，美国的保险和银行也做得相当不错。恐怕这样的光景已经消失，至少要消失很长一段时间。美国最大的银行在世界银行榜单上排名20位左右，日本已经超过了我们，远远超过我们。

学校必须保护和培养每个人与生俱来的求知欲。

学习的乐趣大部分不是来自学习什么内容，而是来自学习本身。如果学习的是知识，那么学习有意思，学习信息没有乐趣。工作的乐趣与结果、产品没有太大关系，而是来自为系统优化、人人皆赢所做的贡献。

分数只是个人根据主观标准对学生所取得的成绩的评价，这样的主观标准有意义吗？根据这样的衡量标准得到的高分数能预测学生将来在商业、政府、教育或作为一名老师时的表现吗？其他衡量标准也许能更准确地预测，依据现在的衡量标准得低分的一些学生也许比现在成绩高的学生做得更好。

不能用现在给学生打的成绩预计他将来做得好还是做得差。成绩是个永久性标签，能为学生开启大门，也能把大门关闭。老师怎么知道某个学生将来会怎么样？如果学生看似比班里的其他人落后，也许是教学的问题，或者也有可能因为这个学生学到的是知识，而不是信息，跟其他人比，不那么突出。学校成绩是通过检验获得质量，很有趣，通过检验而得到质量不是取得好质量的方式。

因为这样很愚蠢，我不给学生打分数，他们全都通过。我是谁？我能预言某个人将来能做什么吗？

我看学生们交来的论文，一大沓，上学期我在哥伦比亚大学的学生是435人，纽约大学是150人。有很多的论文，但我都看了，不是为了给它打分。不是的，我看他们的文章是想看看我的课教得怎么样。我哪里没教好？他们什么不明白？为什么他们给出错误的答案？我哪里教得失败？哪里需要改进？我在找特别的学生，需要特殊帮助的学生，我要知道他学到哪儿了。如果有学生学得非常好，我将犒劳他一些额外的作业。我班上有这样一名女学生，她学得非常好，我额外给她作业做。

这种做法源自哪里？可能来自游戏。我不反对游戏，游戏中胜者稀少，只有一个参与人能胜出。不知道为什么，人类把游戏规则带到学校的评分规则中，并一直沿用到大学。学校运动健将得到金色的星星。考绩制（将人分门别类），公司内给团队和分公司评定级别。所有这些做法都会诱发人与人之间的竞争，造成消极互动，毁了我们。

评分和评级的结果是只有为数极少的人能得到高分，只允许少数几个学生能得很高的成绩，工作中只允许几个人得到高职位。

这是错误的，不缺乏好学生，不缺乏优秀的人。为什么不用脑子想想？为什么班里不是每个人都可以被评为最佳、最差，或其他等级？没有理由这样规定。况且，分数只是老师的主观意见，甚至考试结果都是如此。

评分和评级带来什么影响？侮辱那些没有得到高分数或高级别的人，让人灰心丧气，即使那些成绩高、评估等级高的人也会因此而挫伤积极性。

与竞争有关的 4 个广为流传的错误观念是：①竞争是人类本性中不可避免的一部分。其实不是。②竞争比合作更能促进人成功。错误。③竞争更有乐趣。又是错误。④竞争培养个性。还是错误。

有人问我："难道日本的学生没有成绩吗？"他们有。这个房间里有日本人，他们能证实我说的话，或纠正我的错误。不过我希望他们能到台上来，跟我们多介绍介绍这方面的事。我告诉你们，无论在学校还是在家，日本孩子从来不会感受到侮辱。他从来没有被侮辱过，大家都信赖他。成绩不是什么巨大责任，无论成绩如何，他从不觉得低人一等。

但是，我们做了什么？这里我转载《华盛顿邮报》圣诞节前几天刊登的一篇文章。圣诞节前的那个星期五，巴尔的摩的 1100 名学生将一份打印的手册带回了家，这是校董事会印发给家长的，实际上是一份请求书，请家长不要因为孩子的分数低打孩子。想想两国的差别，校董事会请求家长："请不要因为孩子分数低打孩子。"我们都变成什么了？看看差别多大。孩子们受到侮辱吗？是的，因为成绩低，他们受到侮辱。即使有人以前得了 A+，现在他只得了 A 或 A－，他感到侮辱。父母不知道发生了什么事。他怎么啦？想想对他造成的伤害。

摘自 CEO 研讨班的一次讲座

“质量、生产率和竞争地位”

1992 年

THE ESSENTIAL DEMING

戴明常常把他开会或在家工作时想到的题目记下来，给自己写些笔记。笔记中的这些想法通常为他未来的信件和文章提供了资料。戴明给下面的这些笔记加了个标题，标题是“商学院教学笔记”，手写于 1988 年 1 月 24 日。他讲述了目的的本质和学术机构的质量。

商学院教学笔记

一致目的：帮助产业改善经济。我们的客户是美国的各个产业，如果我们的客户遍布全世界，更好。我们的工作对象是学生，也能通过研讨班和特别讲座直接与管理层合作。

我们的学生需要知道什么，将来才能有助于美国经济的发展？我们应该怎样修改教学？

我们教他们继续沿用现在的管理模式吗？教他们怎么做生意？怎么走老路吗？

另外，该怎样修改我们的教学？怎样才能给学生传授在他们提振美国经济时所需要的渊博的知识。质量取决于管理者，质量不会比管理者设定的目的更好。

产品和服务设计需要革新。

在改善程序方面也需要革新。

必须有良好的操作，但好的操作不能确保质量。

连锁反应：改善过程→降低成本→用更好质量和更低价格捕捉市场→继续营业→提供更多就业机会。

改善过程要求提高原料质量和提供更可靠的服务（如运输）。

一些消极做法：

★ 某大公司的总裁将质量交到工厂经理的手里，他做错了什么？

★ 勤奋工作不能确保质量。

★ 尽最大努力不能确保质量。

★ 目的好不能确保质量。

★ 经验本身不能教人任何东西。

★ 先例本身不能教人任何东西。

★ 投资购买仪器、计算机、自动化或新机械不能确保质量。

跟我去看看，我看到的大部分新机器带来的是质量差、困惑和成本提高。

错误。未来属于给他投资的人。

学生有多少时间花在技术学习上，他们本可以学得更好，在工作上得到更好的回报。

改善质量的一个必要条件是知识，我称之为渊博的知识。

全方位改善设计和质量要求差异知识，我们怎样才能减少差异性？

奇怪的是，许多管理措施是增加差异性，阻碍质量改善，必然提高成本。

摘自在某商学院教学时的手写笔记

1998 年 1 月 24 日

我们应该教学生什么

（写给某商学院院长的便条）

我斗胆跟你说说我就商务管理研究生院委员会的几点看法。无论你同意我的观点，还是对我的想法和鲁莽感到震惊，都请求你记住，我这样做的唯一目的是帮助商务管理研究生院发展，使其成为商学院中的佼佼者。

1. 你在 7 月 6 日备忘录中提到的大多数委员似乎不解决重要问题。在我看来，你这份备忘录的目标是使学生短期满意，而不是积极接受我们肩负的使命。
2. 我们的使命当然是为学生服务，除此之外，我没有别的想法。但是，我们应该努力做的事情是满足学生 20~30 年的需求，这样我们才能打造一所更好的大学。推卸责任，我们无法实现这样的目标，那份委员名单和委员会的职责在我看来似乎是推卸责任。
3. 问题之一是，我们如何利用现有的一切更好地为学生服务。是否充分发挥了那些杰出人物的作用？（后面我要说说为什么我们没有更多这样的伟人。）我觉得，所有学生都应该享受到我们必须提供的最好资源。我建议开一门系列讲座课，既给白天上课的学生排这门课，也要给晚上上课的学生排，由这 6 位伟大人物讲他们选的任何主题；这门课要作为学位必修课（任何学位）。除普通学生外，这样的讲座也应该是成人教育的重要课程。

> 我们多少学生听过彼得·德鲁克的讲座？不幸的是，有可能学生拿到了商务管理研究生院的学位，却从来没有接触过那些能影响他一生的伟人。
>
> 我们不应该让学生难以得到他们学位所要求的教育。

4. 根据我的标准，我们研究生院过于强调填写课程目录，很多很多课程，还有阶梯式的先决条件，但丝毫不在意上这些课的人的能力。

   ① 举个例子，商务管理研究生院的目录上有每门课的名称和内容，但是没有说明谁教这门课。从现在起的15年里，所有对学生有意义的部分只是谁教这门课，而不是课程名称或所谓的课程内容。如果没有老师的名字，学生怎么准备这门课？谁能帮助他？学生在做计划的时候，能否相信到时候学校无论如何都能挖出一个人来？我们应该向学生清楚表明，我们不只是提供课程：我们提供上课的教师。

   ② 我们提供上课的老师吗？商务管理研究生院的目录在课程数量和课程描述方面能与芝加哥大学提供的课程相媲美。读者是否以为商务管理研究生院和芝加哥大学势均力敌？我们是否想攀比？是不是糊弄人？

5. ① 如果我是学生，我宁愿上6门与课程目录描述完全一致、全都由那些权威人物教的课，而不要上6门课程描述不一、由6个能力一般的人上的课。杰出人物给予学生的是他自己，而不是一门课。我们需要的是更多杰出人物，少些课程，少些课程描述。学生需要的老师是那些在思考和做事情的老师，那些知道面对董事会交叉询问时是什么样的情形，知道如何应对时常遭遇打击的老师。

   ② 几年前，有那么一次，商务管理研究生院因为那些著名人物而名扬全美国。我们是不是在走下坡路？为什么？

6. ① 彼得·德鲁克指出，大学的许多人和许多学生都向后看，而不是提前计划。没人能看到未来，但我们必须努力尝试。不同经济和社会阶层的人之间的交流是将来一个主要问题。

② 统计方法和心理学知识带来新的管理和行政原则，日本是一个突出例子。我们商务管理专业的学生应该学习这些新原则。管理和行政中的大部分传统教学原则都已过时，而且过时多年。新原则将带来新的就业机会，提高产量，改善产品质量和可靠性，在市场中获得更好的竞争地位。

③ 美国产业肯定需要这样的改善。

④ 多少 MBA 专业的人能用科学或法律方法定义正点率、可靠、安全、满意、污染？多少人知道如何区分一件产品的规格和接收一批产品的经济原则？

⑤ 为什么毕业生有这样的缺陷？

7. ① 如果以服务学生为目标，大学行政部门必须区分传授知识和传授信息。在本行业中有能力的老师传授知识，能力较低的人教授信息和硬件。这里可以引用中国的一句古话：“授人以鱼只救一时之急，授人以渔则可解一生之需。”我们应该教学生如何捕鱼，而不是生产神童。信息系统和它们要使用的硬件，无论多么神奇和光彩夺目，都只是只救一时之急的鱼。当然，它们会让管理者知道它们在什么地方重要。

② 但管理者也需要知道如何改善，我们的现状以及如何实现目标都需要改善。

③ 如果这点值得考虑的话，管理专业、行政专业和会计专业的学生都需要学习能帮助他们查找问题原因，并指出改善责任的理论。没有这项要求，我们能授予 MBA 学位吗？

④ 一旦这些原则为人熟知，管理和行政领域将发生一次革命。20世纪50年代，这场革命已经在日本开始，全世界都知道了结果。

8. 在产业中有什么比人口调查或人口统计学更重要的吗？我们人口调查课在哪里？年龄—性别金字塔的变化、收入水平、居住类型、教育类型，以及生产率的改变在商业中都极其重要。人口统计学专家和经济学家能在一定范围内精确预测这些变化，这些预测对从事商业的人是非常有用的，只有他们知道这些预测有用。因没有运用人口调查数据提前计划而失败的案例就发生在我们的家门口——美国铁路、纽约电话公司、联合爱迪生能源公司。

   设想一下，像菲利普·豪泽这样的人在我们的商务管理研究生院能做什么？哪怕我们只是每月见他一次（他在芝加哥大学的学生也只能偶尔看到他，但他们的确能见到他）。

9. 知识理论课在哪里？如果有人说需要知识理论，这些人一定是经商的。他们从商学院毕业，却不知道形式知识和经验知识的区别，也不知道归纳逻辑的危险和限制，而从事商业活动的人天天而且一辈子都要和它打交道。我们能就此做些什么？据我所知，学生能学到知识理论的唯一地方是我们统计学方面的课程。这样对学生公平吗？

10. 我认为，商务管理研究生院最重要的活动是有一个精通并愿意尝试经济学前沿、统计方法、心理学、法学理论、社会学的委员会，这个委员会的职责范围是向前看，评估商业和政府的需求。

11. 我们的工作是教育，不是技能和贸易培训。教育意味着懂理论、理论的相互联系、学科思想发展的历史、理论的局限性。教育——部分而非全部——是具有储存和提取功能的记忆，教育意味着理论和研究，展开问题和答案。当从织布机上拿下织好的布时，得到的问题多于答案。

12. 商务管理研究生院正处在交叉路口：①采取措施吸引杰出人物，因此而发展和提高；②顺其自然。我们的米尔顿·弗里德曼在哪里？西蒙·库兹涅茨在哪里？阿诺德·韦伯在哪里？亨利·基辛格在哪里？乔治·舒尔茨在哪里？丘吉尔·艾森哈特在哪里？赫尔曼·沃德在哪里？菲利普·豪泽在哪里？约瑟夫·朱兰在哪里？简·丁伯根在哪里？玛格丽特·米德在哪里？

13. ① 怎样才能吸引杰出人物？我没有答案，但有两个要求：第一，对这件事有坚定的政策；第二，重新看一下工资表。

② 改善政策必须来自我们大学的最高权威机构，用有形证据表明他们的意愿和措施。

③ 至于工资，研究生院必须能与产业和政府竞争。我们需要有产业和政府工作经验的教师，能够随意进出产业和政府机构的人，能随意进出学校的人。我们必须面对这个事实：以现在所支付的3倍或4倍的工资，研究生院不能支配权威人士的大部分时间。我们不能期望他为了在我们研究生院当教授，而放弃每周在私营企业工作一两天就可能赚得5万~10万美元年收入，以及积累研究材料的机会。

④ 吸引著名教师来兼职是一条出路，也是一个好办法。因为开支，研究生院只能请到数量有限的权威人士当全职教师。可以聘请其他著名人物兼职，为研究生院效力，但不是一周四天随叫随到，他们还要花很多时间用于私人研究和写作。这样的人物能带来其他老师不能带来的学生，在这个基础上，积极招聘著名人物。

14. 与此相关，我们必须意识到有一股强大的离心力，这股离心力使我们最优秀的教师在家或客户办公室完成的研究和创造性写作越来越多。我说的这股离心力不是因为这些人想增加自己收入，而是因为商业领域为高水平研究提供的机会。产生这个离心力的另一个原因是我们研究生院办公室空间和设备的贫乏，尤其缺乏秘书服务和协助；图书馆也是。在其他地方工作非常容易，更让人满意。

> 就拿我自己来说，在家我有宽敞的办公室、很好的图书馆、大黑板、高级秘书，秘书星期六、星期日和节假日上班，需要的话晚上也来，虽然价格高，但值得。另外还有复印机和其他设备，包括咖啡。文书工作、总结、计算全都在客户的办公室或在我家里做。基于这样的条件，我每年能发表几篇文章，时不时出一本书。
>
> 准备教学用的文章和笔记，以及打印这些东西我都是在家里做的。研究生院没有令我满意的打印教学手稿的设备，不得不取消打印那些我想在课上使用，并准备写进文章和书稿里的笔记。
>
> 为了给我自己的文章提供文书和计算帮助，研究生院每年要支付大约 5 万美元，这只是我一个人的开支，把整个研究生院的总开支加起来，客户实际为权威教师教学捐赠的数额巨大。
>
> 我认为我们应该将这种离心力作为一种生活方式接受，并深深感谢客户和教师对学生和我们研究生院的声誉做出的贡献。这又让我想到我前面提的建议：建议招聘更多著名的兼职教师。

15. 一所大学知名人物所占的比例是委员会应该考虑的一个问题。什么是知名人物？这些问题难以回答，但不难处理。对知识的贡献（通常表现为出版物）、专业精通的委员会和协会颁发的荣誉，其他学校、产业和政府部门的聘任等，这些都是经过时间考验的标准。

16. 不要求全体教员都是杰出人物，没有这个必要。（像普林斯顿大学高等研究院这样的学校除外，也许我们应该在商学院建这样的研究所，这种想法在我脑子里闪过，但目前不是我们的目标。）任何学院，包括我们的研究生院，必须有一定数量像助教和讲师这样职称低一些的人。但这些低职称的人应该走上坡路，而不是原地不动。那些现在职称最高的教员都是经过努力才走到今天，没人一生下来就出名。

    怎样识别年轻人的发展潜力？没有确定的方法，但他的研究目标和研究成果（已发表或待发表的出版物）是最重要的衡量标准。也要考虑教学兴趣和性格，还需要其他补充。

17. 每周都做研究，对学生有兴趣的人是我们研究生院需要的人。教学质量能自我管理。如果一名教师做研究，关心学生，他对深度研究的热情会因此受感染，学生也能学到东西。

    我们不需要的教师是那些因性格魅力而受欢迎的人，他们让学生像着了魔一样，教错误的东西。没有研究，教师只能教错误的东西；没有研究，一个人无法体会到知识的局限性，肯定也不能把他感受到的这些局限性传授给学生。知识的局限性是知识本身最重要的组成部分，只有做研究的人才能了解这点。

18. 以学校负担不起更多杰出人物和更好设备为托词是没有说服力的。大学开支数额巨大。花钱填写大量的课程目录，而且还有增加人手和课程的趋势。需要逆转这种趋势，制定明确的政策，目标是打造一所更好的大学。第一步是下决心逆转这种趋势，钱不是问题。

19. 两个问题与财政有关：①怎样弄到钱；②怎样明智地花现有的钱。这个备忘录只谈第二个问题。但是，如果我们认真对待第二个问题，第一个问题或许不那么麻烦。

20. 同时存在的另一个问题是研究生院的研究，这里我只能提一下这个问题，但有些原则很明确。

① 学校申请和接收研究经费的唯一合理理由是为学生提供教学和实习机会。

② 只有没有人或没有私营企业提供令人满意的经费时，研究生院才应该接受研究拨款（有时容易因主观判断而引发争议）。不应该允许以避税、图书馆、工作空间和帮助研究生院为由而降低私营企业应收取的费用。

③ 方法、结果和数据全都可以出版，没有限制。

④ 研究生院的任何研究项目都应该让有声望的人负责，参加这个项目的人应该能看到名人是怎么工作的。研究生院的项目负责人必须得到与产业支付的报酬相比能吸引他的工资。在此基础上，研究生院的研究对产业和学生都有益。

⑤ 参加由那些保留不住自己在产业或政府部门的职位、唯一的资格是通过避税减价才筹集到资金的人领导的项目，学生学不到很多东西。

21. 要区分研究生院官方进行的研究和教师个人为自己的客户进行的研究。私人咨询应该完全独立于学校，除非是因为教学需要。私人咨询和研究无论如何都不能使用学校设备，研究结果应该用私人信笺打印，不能打印在纽约大学的信纸上，署名也不能写某系教授。私人关系中的任何费用、方法、结论或推荐如果涉及研究生院是错误行为。（我们这里没人违反这些原则，但我在其他学校见过。）

22. 最后，我再次重申，写这封信的唯一目的是采取行动扭转我们现在衰退的趋势，以免太晚。需要动大手术，困扰这个国家的许多经济问题（和其他问题）都源于商业和政府的管理人员多年不履行职责，让其他势力得以入侵，取代了他们的工作。同样的事情也可能在大学里发生，实际上，已经在我们的鼻子底下发生了。

23. 我在这里提出的问题会由什么委员会、哪些委员们讨论？如果我们不履行工作职责，有人会做，用他自己的方式。我会看到行动或得到任何回复吗？也许我这里提出的问题和建议不是你们委员会的职权范围，而是只给院长一个人看。就像我一开始就说的那样，恳请你谅解我鲁莽地跟你说出我的想法。

摘自写给迪尔院长的备忘录

纽约大学

最初日期是1972年1月3日

1972年12月18日稍作修改

THE ESSENTIAL DEMING

在商学院的一次跨系交流会上，戴明询问量化课程设计是否进行得很好。这份备忘录也适用于任何研究生级别的商学院。他问课程教学是否传授技巧，以牺牲以下内容为代价：帮助学生如何发现商业中存在什么问题，如何与各方面的主题专家合作，如何分析非正常情况、无反应、离群值和所教技术的局限性。

统计学、运筹学、定量分析课程教学笔记

（一）

我们系在教定量分析课，这样说对吗？我们在教运筹学吗？我们在教有益于定量研究设计和分析的理论吗？这种追求本身很好，但我们跟学生解释我们在做什么吗？

当然，我们要在应用中阐释理论，但应用是为了帮助理论教学，它们本身不是最终目的。运筹学最难也是最重要的一步是决定在商业和政府部门中存在什么问题，为找到可能的解决方案（眼下或长期）需要做什么努力，并在这个基础上决定什么信息或计算可能有用。在这点上，需要用到技术，这就是我们教的内容——技术。在商务管理学院，技术局限性知识与技术知识本身一样重要。

发现商业或其他地方存在问题的能力取决于专业知识——经济学、市场营销、生产、运输、会计、法律、医学、心理学、社会学、农业、金融或其他。

统计专家的任务是与各专业人士合作，帮助他们解决问题。各领域专家们的责任是决定是否需要统计人员的帮助，什么问题重要，什么信息、测试、比较或其他前期工作得到的统计信息可能会有用，并最终能得到关于这个问题的有意义的（统计）结论，以及可能采取的措施。当然，没有一些基本的技术知识给这个问题提供可能需要的帮助，他无法做到这些。统计人员与主题专家合作，协助他以有意义的术语表述问题，拓宽或缩小可能的解决方法的范围，力图从投入中获取最大的经济或科学利益。

仅凭技术知识，人们不能发现公司是否有问题，以及什么问题，就像市场营销老师不能教统计方法一样。

技术，我们能教；专业内容，我们教不了，专业内容是其他系的特长和义务。

只能学习理论，有人只能教理论。用实际问题阐释理论有时能帮助老师和学生更好地理解理论及其局限性。比如，在我自己的课程中，我用例子介绍库存策略、库存测量、消费者调查、政府统计系列、心理测试、医学治疗、运输、农业科学、会计、成本、生产、可靠性、失败、复杂装置和其他应用。统计专家不必决定他在理论教学中使用的这些应用型例子是否重要，也不用过多解释主题内容。精通这个专业的人把问题告诉我，对他来说，这个问题重要，我的责任是教我使用的统计方法，为什么用这个方法，以及如何用统计学解释结果，而且也要说明在同样情况下、在不同情况下什么统计方法可能更好。

重要的是要知道并且教学生哪里适合用统计解决问题，有多大必要性要求主题专家接受属于他而且适合他的责任，或者如果值得他去做，他应该履行的责任。

可能这个系的某些成员已经具有所要求的这些专业知识：经济学、消费者调查、心理学、管理、运输、制造，他们既能担当主题专家的责任，也能教数学技巧。

告诉学生统计方法的局限性同样重要，局限性与方法本身一样重要。只有懂理论的人才能明白我们所教的理论的局限性。

统计工作或运筹学，无论叫什么名字，都是团队工作，我们中没人能组成一支完整的团队。例如，学过统计理论的人将统计理论应用到汽车货运时不用学运输经济学，做统计员就足够了。

1950 年以及之后在日本时，我教高管们的不是管理，而是质量管理中的某些统计问题。他们对管理的实质性部分了解很多，足以将统计方法融入他们的思维。我不教消费者调查，但是在消费者调查中使用统计方法。全世界都知道结果如何。

(二)

上述思想不是要贬低技术的重要性，统计方法对理解专业内容、改善信息在专业领域的运用所做的贡献令我们欣喜。这里我列举一二。

1. 比较1970年和1930年的人口普查，可以有效看出统计人员在人口普查的范围、内容、速度和精确度方面产生的影响。
2. 政府对就业、失业、住房新建量、住房维修、健康统计和许多其他问题所做系列统计（每月或每季度一次）。
3. 优化库存策略。
4. 库存测量。
5. 反应理论。无反应理论。
6. 问题的随机抽样，以减少困窘性问题的反应偏差。
7. 优化投资理论（排队论）。
8. 区分导致在尺寸、工人的表现、野外工人的表现、销售员的业绩、项目组合管理人的表现等方面存在过度差异的特殊原因和普通（一般）原因。统计信号（有特定的错误概率）查找是否存在这两种原因之一，并指出纠正责任在哪一方。
9. 在可靠性和性能测量时使用的大量形容词的操作定义，如“按时”，只能用统计方法定义。
10. 区分列举研究和分析研究，改善设计的经济学，使用量化信息。
11. 优化维修和更换的政策。
12. 心理学术语（许多心理特质基于平均方差和标准方差，如智商）。
13. 过程的快速发展。

14. 过程能力（只用统计方法，过程可以发展到稳定、可确认的状态。在该状态中，统计方法客观测量精确度、一致性、质量、过程速度、每单位成本，所有这些对经济生产和理性商业行为至关重要）。
15. 计算蝙蝠、老鼠、鱼、游民的捕获—再捕获法。
16. 区分一件产品的规格，以及据此决定接收或拒绝一件产品的测试；批量规格，也就是接收或拒绝连续批量的原则（验收抽样）。
17. 用统计方法计算出经济的、可执行的性能、行为、尺寸、完善测试的标准和规格。
18. 抽样变异、应答错误、无反应和成本之间的优化平衡设计。

谁都可以继续列举下去，但统计方法所做的全部贡献不改变专业主题知识的重要性，也改变不了专业知识与技术之间的责任分工。

统计人员涉及的人类量化活动更广泛，没人能比。统计理论是重要的学术性学科，统计理论应该成为文科教育的一部分，学习利用它理解人类和自然，而不只是用作研究和管理的工具。

（三）

我们有责任教商务管理学生其他系不能教的知识，下面提几个问题或许能让大家稍微明白我们的责任和机会：

1. 我们研究生院有多少递交了研究结果的学生能以有益于管理的形式解释他们的结果，而不遗漏报告中的信息，不超出数据的内在精确性？
2. 他们中有多少人对各种不确定因素和困扰数据的误解原因有敏锐的洞察力？多少人知道如何在大量的销售、客户调查、产品测试数据中查找并测量可能的导致不确定性的根源？

3. 例如，为了了解某特定数据的意思，这里有多少学生能就数据的收集方法提出恰当的问题？多少人会调查无应答所占的比例？多少人会问什么阶层的人没有作答复？或者就野外工作和编码有什么培训和指导？多少人希望看到已完成的调查问卷（或测试的原始结果）？多少人注意到回答或测量某些很重要的信息时的困难或不可能性（如“你听说过某品牌的烤箱清洁剂吗”）？
4. 多少人意识到，扩大研究规模没有用，因为主要调查项目将难以测量或回答？多少学生知道在分析研究中使用高精确度没用？
5. 他们中有多少人调查了有经验的采访者与没经验的新手获得的调查结果之间的不同？
6. 多少学生能制订一个简单的筛选和计算方案，根据这个方案他能立刻估计出所给问题的结果差异，以及采访者之间的差异？多少人知道能这样做（即使没人知道怎样做）？
7. 我们自己的学生有多少人知道如何制订适当表格做统计测试，以便发现某些貌似虚假的结果可能是因为环境（问卷、野外工作管理、季节）或者采访者的表现不同？
8. 在分析性问题中，我们有多少学生采用概率方法时会错误计算出现第二种误差的可能性？多少人知道估计和统计测试的局限性？

也许有人要问，如果回答不出上述问题，是否还认为自己是商务管理的专家。

估计、概率的标准误差和统计报表不是数据分析的全部，有时重要，但不充分，通常需要更多统计信息和大量实质性信息理解和运用研究结果。

多少学生知道，在大多数研究中，置信区间、似然比以及诸如此类的计算是不充分方法？我们教更好的方法吗？我们教学生测试，帮助他们做出理性决定，接受使用一套结果的标准方差吗？或者为有助于评估结果精确度的隐蔽信息源挖掘数据吗？

(四)

我们在教统计学、运筹学、定量分析吗？数据分析教学是否效果不错？我们只是有选择性地教设计和分析中使用的技术吗？教师的头衔是否与教学内容不符？

学生在我们研究生院学习期间，定量分析教学是否至少应该让学生尝试挖掘一些实际数据的意义？我们讲统计技术的局限性吗？面对非常态、活动标架、无应答时，我们教的分析方法有效吗？

肩负着培养博士生的责任，有权向校领导推荐学位授予，我们整个系有更多责任考虑这些问题，而不只是在我们单独几个能互相理解的朋友间讨论。

有人把我们的教学和工作叫作运筹学数学技术；有人称之为研究设计和分析；也有人叫系统分析；有人叫统计质量控制；还有人叫统计学。在我看来，这只是统计人员在尽自己的工作职责，每天努力做得更好。

无论他人如何评价或批评，花了几个月时间写的这个备忘录对我自己的教学和工作已经产生了深刻的影响。

摘自纽约大学跨系交流会

(个人出资打印) 分发给同事

1971 年 7 月 24 日

THE ESSENTIAL DEMING

在这篇文章中，戴明建议统计界要紧跟产业对统计知识的需求，他特别推荐在统计课程中增加一些材料。

统计教学需要的转变

40年来，在科学家、工程师和专业人员中，对统计职业的尊重毫无例外地一直在下降。同时，产业需要的统计帮助一直上升。不幸的是，统计工作供求之间的距离每个月都在扩大。

问题在哪里？答案在于统计学的教学。给工程、自然科学、社会科学和商学院的学生上统计课时，建议做如下改变：

1. 建议区分列举研究和分析研究，区分误差和在分析类问题中运用列举研究导致的损益。
2. 区分共同原因与特殊原因（可归属原因）。例如，区分差异的共同原因和特殊（可归属）原因（如稳定系统与不稳定系统之间）对改善质量至关重要。稳定系统的改善责任在于管理，但查明和消除特殊原因通常最好由事发地的人员处理。
3. 干预稳定系统导致损失。例如，①工人培训工人；②行政人员合作没有统计理论的指导；③没有统计理论指导的思想共享。
4. 统计工作的组织。

摘自国际统计协会东京会议演讲

“论统计人员对质量的贡献”

1978年9月8—11日

THE ESSENTIAL DEMING

在纽约大学，像在美国其他重要大学一样，学生在期末被要求评估课程内容和教师能力。戴明认为，这是个“鲁莽、不计后果的主意”，建议自己和他的同事“不要在意学生的评估结果”。他这样做了，但不能阻止装着发给学生评估表的信封每学期末总想方设法出现在他的邮箱。因此，一学期结束时，他的书桌上总放着一盒填好的“废纸”。

教学备忘录

今天大家讨论了很多学生参加大学事务的问题，甚至包括对教师和课程内容的评估。下面是我就这件事的一些看法。

在我看来，对教师的主要要求是拥有一些教学知识，不做研究的人没有知识，没东西可教。当然，有些人研究做得很好，也是很好的老师。如果两方面同时能做到，太好不过，但不指望都能做到。

性格魅力不能弥补不真实的教学错误，我认识的一个最好的老师能让300名学生着魔，而他教的内容是错误的。以前教过我的最差的两位老师(第三位和他们旗鼓相当）是耶鲁数学系的欧内斯特·布朗教授和伦敦大学学院的罗纳德·费希尔先生。欧内斯特因为他在月球运动理论的贡献百年留名；罗纳德使人类的推理方法发生了革命性变化。全世界的人都听他们那看似不可能的教学，向他们学习，学习他们所做的一切，我有幸成为这些人的学生。那些能力不如他们，但被誉为“好老师”的人即使给我上几百节课，我也不会做这样的交换。

当学生发现他们在大学打造的基础摇摇欲坠时为时已晚，只能靠自学弥补不足。但打造牢固基础的地方是学校，学生最保险的办法是确定他的老师做研究。

要求学生评估老师时，学生处于不利地位。根据什么？性格魅力？专业知识？课程内容？无论说什么教师都要确保能和学生交流？学生可能有能力判断老师的专业知识，但很难评价课程内容，甚至不能判断老师是否有可靠的知识决定教什么。

今天的学习是为今后5年、10年、20年做准备，不论因为什么原因，学生天生喜欢那些被他们称为好老师的老师。既然这样，学生对老师的评价有什么用？

虽然每个统计人员都非常清楚消费者调查的重要性，但辨别好老师不是消费者调查。无论现在还是过去，大学都应该是听伟人讲课，向伟人学习的地方。

判断教师知识的唯一合适的法官是他的同行，唯一客观的标准是值得发表的研究。出版物的衡量当然应根据对知识的贡献，而不是文章数量。

根据我的判断，学生有关课程内容或教师能力的建议相应地也是鲁莽的想法。我建议自己和我的同事不要在意学生的评估。就我个人而言，我不能在学生评估体制下教书。

摘自纽约大学跨系交流会：教学备忘录

1971年1月4日

后作为写给编辑的信出版于

《美国统计学家》期刊

1972年2月第26卷第一期

第七章

管理是预测

要求统计思维

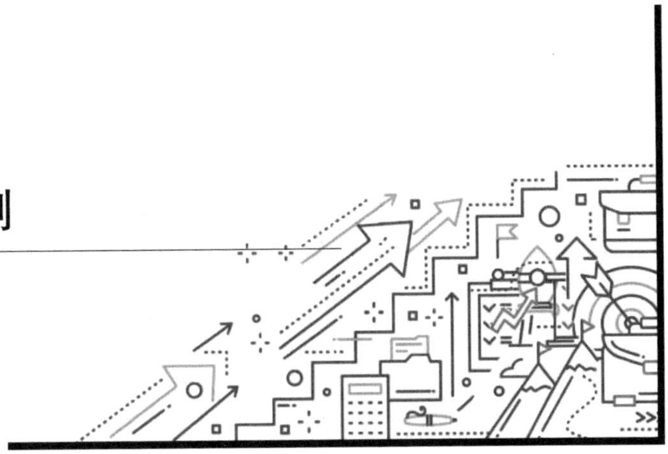

THE ESSENTIAL DEMING

戴明是调查、样本设计和统计研究设计的领先专家。他的《抽样理论》（1950）、《商业调查的样本设计》（1960）依然是当今统计从业人员能得到的最好的两本书。书中包括他开发的一些技术，如半开区间和许多其他处理统计执业人员遇到的实际问题的方法。拥有丰富统计理论知识的人很少会这样积极定义、完善和开发既保留统计完整性，又处理真实世界问题的解决方案。他肯定是为数很少的几个人之一。

这章包括戴明认为管理者应该熟悉的统计思维关键领域的管理方面的有关文章。

THE ESSENTIAL DEMING

在这篇文章中，戴明讨论了在查找造成瑕疵产品和服务的原因、制订规格、制订测试程序和确定复杂产品的可靠性时使用统计知识的必要性。

应用统计原则的必要性

现在的工程师面临几年前的工程师不知道的问题。只有更了解统计方法，使用自动机器、复杂器械、自动化时才更受益。

工程师需要学习工程学，但工程本身不能解决他面临的统计问题。工程师的一项重要职责是查找并排除导致产品差异的特殊原因和共同原因。他需要控制图帮助查明特殊原因，然后运用工程学知识排除该原因。可能他还需要试验设计知识，帮助他发现共同原因，并区分特殊原因和共同原因，混淆这两种原因将导致管理不善、产品差异、经营亏损。

能自动进行调整、使尺寸保持在规定范围内的反馈机制应该根据统计原则进行操作。统计标准，如休哈特控制图提供的统计标准，必须植入反馈机制，否则反馈机制将过度更正或更正不足，并导致过度差异。产品可能符合规格，但过度差异，即使在规格范围内，也可能付出高昂代价。

除非用统计语言表述，否则规格没有意义。例如，6 厘米长的钢条必须有 4218 千克力/平方厘米的抗拉强度是什么意思？人们如何测定一批 1 万根钢条是否满足规格？测试是毁灭性的。如何抽样？样本需要多少？是否每个样本都要满足规格要求，还是只需某规定数量的样本能符合规格就足够了？

显然，除了用统计标准并对测试结果进行解释之外，规格没有意义，工程中使用的其他测试也是一样。工程师写规格的时候，必须遵循统计原则。

现在世界各地常常有几百个制造商安装相同配件，规格和生产问题巨大。在规格和测试中采用统计原则能满足规格要求。

随着自动机械的引入，统计质量控制比以往任何时候都更加必要。现在，迟延的代价高昂，因为无论机器在运转生产或闲置，机械成本每分钟都在不停地计算。在生产的某个阶段停滞意味着其后的各个阶段都停滞，因此从一个阶段到另一个阶段的公差必须比过去任何时候都精确，以避免生产成本过高。

工程师现在需要知道，除非测试方法显示随意性，否则根本没有测试方法。如果呈现出一种确定的趋势，任何工程师都应该拒绝该方法。但是，非随机性并不总是可见的。因此，工程师需要测试随机性。休哈特控制图提供一种可能的测试方法，运行图提供另外一种方法。还有其他统计测试，人们可以学习。

机体、升降机构和许多其他产品的工程难题要求紧公差，以减轻负荷，并提高可靠性。以大量的安全系数掩盖无知是不够的，需要以工程知识取代无知，辅之以测试的统计原则。

需要考虑复杂仪器的可靠性问题，可靠性只能以统计标准和统计测试定义。说某东西很可靠或可靠性适中是不够的，因为这些话不能满足现代工业的要求，可靠性只能用统计标准和统计测试定义。

摘自与东京日本科学家和工程师联合会工程师们的通信

1966 年 12 月 11 日

THE ESSENTIAL DEMING

统计研究分两大类，每一类都有自己的方法——不能互相转换。在这里戴明描述了这两种类型的研究及其应用。要精通这两类研究，除这里论述的内容外，还需要阅读其他书籍。戴明写了两本书：《抽样理论》(1950)、《商业调查的样本设计》(1960)，两本书包括了“列举研究”的基础知识。列举研究计算数量，如美国的人口普查、产品和服务的消费者调查、仓库火灾的损失程度。分析研究有助于改善未来产品和服务。

分析研究和列举研究

列举研究：存在一个问题，在主题专家看来，研究所建议的框架会产生需要的信息。列举研究必须要有框架，框架的构成有产品、人员、服务，其中任何一个组成部分都可以抽样调查。一个简单的例子是某天的应收账款列表。

第二步是了解同等全覆盖这个概念，它被定义为使用规定的方法、定义和关注，调查框架中的每个（产品、人员、服务）而得到的结果。从框架中抽样的目的是估计如果实施同等全覆盖的调查（评估的每个产品、询问的每个人和审查的每项服务），将会得到什么样的结果。

在列举研究中，研究的对象是全领域中的物品，而分析研究的行为对象是产生研究材料的过程，希望改善未来生产的单位产品。

列举研究：存在一个问题，管理者、与此相关的工作人员或这方面的主题专家认为，改变程序将使明天的生产或下一年农作物的产品质量更好或产量更高。

分析研究是指分析昨天的材料，可能存在改善程序的信息。一个久经考验的例子是去年的农作物，研究去年的农作物的目的是为了提高第二年的产量。在企业中，人们研究过去生产的材料的性能或提供的服务的质量，目的是了解拟定的程序修改对未来生产的影响。在人体或动物身上试验拟定的医学治疗，是为将来提供更好的治疗方案。

什么时候使用概率？概率理论只适用于重复操作的随机差异。如果抽样使用的是随机数字，在列举研究中可使用概率，置信区间在列举研究中有操作意义。

相反，影响上周进行的试验或测试、上周生产的产品或去年的农作物生产的经济和物理条件不会再出现。可以得出这样的结论：对于分析研究，为帮助计划进行的测试的任何材料是判断样本，不是随机样本。在分析研究中，没有全覆盖，因此没有随机样本。是的，有误差，但没有标准误差，没有置信区间。

用于分析类问题的统计理论还没有形成。

人的工作表现或产品中存在唯一可能的例外来自稳定的系统，会在统计控制中显示。将估计理论运用于上周的产品，将上周的产品当成根据随机数字抽取的样本，这样可以计算出未来产品的预计统计特征。

分析研究的目的是帮助预测某过程的行为表现，帮助计划明天的生产运作或明年的农作物生产。

计划需要预测。有些人用于计划的预测没有什么可信度，有些幸运儿某些预测的可信度很强。可信度不能用数字衡量。

增强对某过程的了解意味着增强预测其工作性能的可信度，为计划打下更好的基础。没有确定的方法预测变化的结果，经验证据永远不全面。

统计理论，如列举研究中使用的统计理论，不能提供可信度的测量方法，影响明天生产运营或下一年农作物的条件与影响过去的研究数据不同。

唯一例外的是从稳定过程（处于统计控制的过程）得到的生产数据。只要生产过程继续保持稳定，预测理论，如列举研究中所使用的预测理论，适用于稳定系统将要生产的批量产品。批量，以及从批量中随机抽取的样本类似于框架中抽取的样本。足够大的样本可以以很高的可信度预测同一过程明天生产的批量产品的统计特征。

不幸的是，稳定过程必须被创造并显示出来，而且，今天稳定的生产过程也许明天不稳定。稳定必须用图表显示，用统计信号检测到的任何特殊原因能够被识别，并排除。

试验数据不适合用作稳定过程的产出。某地区去年的农作物不是来自稳定过程，去年的环境条件（降雨量、天气、土壤）将永远不会重现。

可以用图形显示寻找重复的响应模式，专业主题知识可能影响该响应。可以寻找在不同环境条件下不断重复的响应和交流模式。

摘自国际统计协会东京会议演讲

“论统计人员对质量的贡献”

1978年9月8—11日

THE ESSENTIAL DEMING

戴明用几个例子描述了统计质量控制的本质。

纠正问题

什么是统计质量控制？统计质量控制是在生产的所有阶段采用统计方法——产品设计、实验室内的产品测试、服务中的测试、规格、进料和安装部件的检验、经济生产、机械与设备的维护和更换、机械维修部件的经济库存，以及满足预计需求的经济库存。

检验是生产中很重要的功能，检验结果本身是人类观察、使用仪器、机器观察、根据目的将数字抄录到表格上的结果。检验中记录的错误可能是产品本身的错误，也可能是仪器、仪表的错误，或两者兼而有之。

在这篇文章中，我们选取有限几个从生产线抽取的质量统计的简单例子。在前两个例子中，目的是查出导致问题的特殊原因的存在，以便操作者去更正。在第三个例子中，目的是测量导致问题的共同（环境）原因所产生的影响，以便管理者们纠正。我们希望，读者能在这些例子中看到特殊原因和普通原因的区别，以及它们如何影响过程的差异性或其他问题的原因。

例 1，编造数据。图 7.1 显示以厘米为单位的钢条的内径分布，这些数字是检验 500 根钢条的结果。用图表这样表示分布被称为直方图或柱状图。这些钢条的规格下限（LSL）是 1 厘米。小于 1 厘米的钢条放在轴承中会太松，以后操作时钢条会被甩出来（拒收）。拒绝意味着到这个阶段为止所耗人工的损失，还有材料的损失和今后支出。

图 7.1 中的横轴显示的是测量区间的中间值；例如，0.998 代表直径位于 0.997 厘米和 0.999 厘米之间的钢条。纵轴标明位于横轴 0.002 厘米区间内的钢条的数量。例如，大约 30 根钢条位于以 0.998 为中心线的区间内。

从这个分布中可以看出，大约 40（10 + 30）根钢条不合格，因为太小。

如果使用得当，分布图是最重要的统计工具之一，分布图的构建和理解极其简单。

图 7.1 告诉我们，最高值正好在 1 厘米上，而 0.999 厘米处的空白看起来很奇怪，好像检验员将略微低于规格的部件作为合格产品通过，将它们记录在以 1 厘米为中间值的区间内。当检验员被问及是否存在这种可能性时，他们立即承认将几乎没有缺陷的产品作为合格部件通过。他们没有意识到自己工作的重要性，没有意识到小于规定直径的产品今后会带来什么样的麻烦。

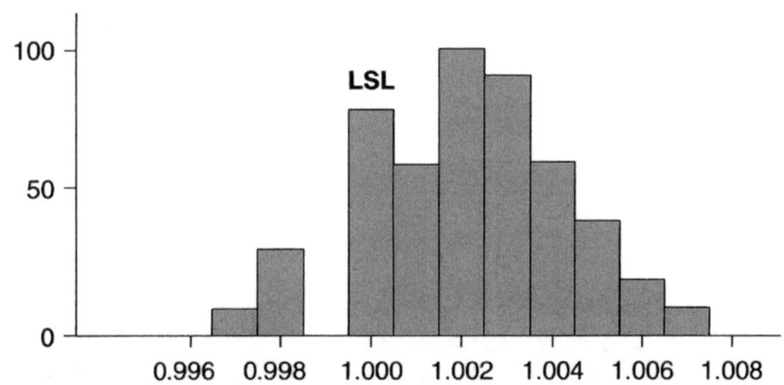

图 7.1　500 根钢条内径的测量结果分布。该图查出了存在导致差异性的特殊原因，即记录检验结果时的错误

因此，这个简单的图表查出了问题的特殊原因，检验员本人能纠正这个错误。如果检验员以后更真实记录检验结果，0.999 厘米处的空白会被填上。瑕疵钢条的数量更大，在下一次检验中 500 根钢条可能有 105 根不合格，而不是图 7.1 中显示的错误数字：10 + 30 = 40。

规格上限也有问题，但不太严重。直径过大的钢条用工具稍微修改一下就能适合。用这种方法得到的正确尺寸虽然不经济，但是比失去到这个阶段为止所耗全部人工而造成的损失要小。下一个问题是相应地解决产品一致性问题，纠正平均直径的中心分布，减少因错误直径导致的瑕疵产品的数量。

例 2，查找趋势。第二个例子是关于螺旋弹簧的测试，测试对象是刚下生产线的螺旋弹簧，测试是单个进行。这种弹簧用在某种相机内，根据规格，每 1 克拉力使该弹簧伸长 0.001 厘米。这些弹簧相对比较贵，要求严格按规格制作。下面这个柱状图右边的水平柱（图 7.2）显示检验员记录的弹簧数，并显示它们的伸张度。出于方便的原因，我们把它放到了侧边。这个柱状图标明了连续生产的 50 根弹簧的检测数据，人们可以看出该图呈对称分布，以接近规格为中心，而且 50 根弹簧全部都在规格的上下限范围内。

有人可能要从这个柱状图得出结论（与例 1 中的结论相反）：这种弹簧的生产没有问题。但另一个简单但功能强大的统计工具——流程图——显示出问题，现在我们就来解释这个问题。

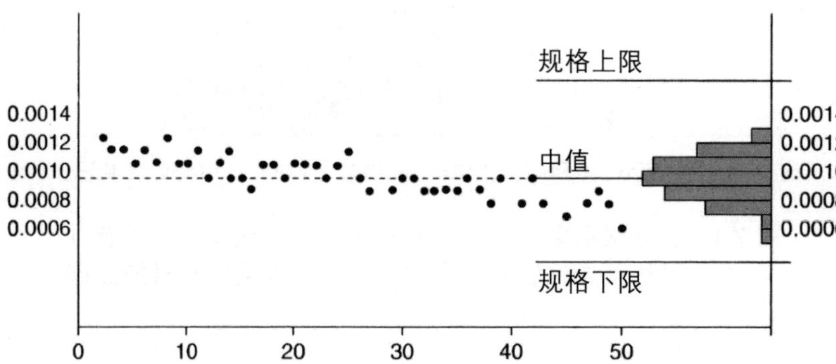

图 7.2　按生产的先后顺序检测的 50 根弹簧的流程图。该图显示出明显的下降趋势，因此查出存在导致差异性的特殊原因，要排除这个原因。单独的频数分布查不出这个问题

流程图只是检验结果的运行记录，水平比例尺显示的是弹簧的先后生产顺序，图 7.2 的纵坐标标记的是检验数据。在这个例子中，连续生产的 50 根弹簧的伸张度标在纵向标尺上。运行图有几个简单的用途，例如①一连串 6 个或 7 个连续的点全部在中线（即高度的中间点）的上方或在中线的下面，这说明，几乎可以肯定，存在导致差异性的特殊原因，通常是一种趋势；②一连串 6 个或 7 个点连续上升或连续下降也同样有重要意义。

在图 7.2 中，没有连续 6 个点向上或向下。50 个点的中线恰巧在规格上下限的中间。这应该是好事，但是我们注意到，图左侧开始的连续 10 个点都在中线之上。第 29 个点之后，18 个点中有 15 个点位于中线之下。这些观察结果为我们的结论提供了统计基础，虽然这些点有上有下，但总体存在一个下降的趋势。用眼睛足以看出这种趋势，不需要什么理论就能得知；要近乎肯定地判断问题的存在，必须有一连串 6 个或 7 个点位于中线上面或下面，在这个例子中你是正确的。

知道发现问题所需的运行时间同样非常重要，但在生产问题中，这是个次要问题。的确，一些功能最强大的统计技术很简单，就像我们这里的例子显示的那样。在统计上，这点很重要。大约从 1942 年开始，统计技术的广泛使用为质量的统计控制奠定了基础，也是从那时起，统计技术逐步涉及管理的各个阶段。

在相机弹簧例子中，不是生产过程出了问题，就是测试用的仪器给出的读数有误。无论造成质量下降趋势的原因什么，纠正问题至关重要。如果是弹簧的张力下降，而不是测试仪器的问题，不久的将来就会生产出不合格的产品。如果造成质量下降趋势是因为错误的测试，测试的误导可能在过去一周内生产的所有弹簧的检测报告都是错误的。

在这个特殊案例中，问题出在热电偶上，热电偶是在对弹簧进行热处理时让空气流动的一种装置，是这个生产环节导致了问题。流程图这个简单的工具在问题发生之前，查出了质量下降的趋势。看到这种趋势后，操作员自己就能解决问题。

读者可能注意到了图 7.2 中的柱状图和流程图是用同一个数据画的，但它们提供的是不同的信息。柱状图本身没有显示出任何问题，流程图(再强调一下，是从同一个数据绘制的）让我们怀疑问题的存在，如果不纠正，不久将生产出不合格的弹簧。

了解统计理论，再加上实践经验，统计员能利用各种统计技术得出关于生产过程的正确结论，错误的概率很小。

有趣的是，如果图 7.2 中的那些点没有任何顺序，不是按生产先后顺序排列（1、2、3……50)，流程图将丧失查找趋势的功能。因此统计员关注的不仅仅是数字，也要关注数字间的相关性。在这个例子中，生产顺序与结果有关，关系非常密切，于是被用来绘制流程图。另一方面，图 7.1 和 7.2 中的分布没有利用生产顺序信息。尽管有先后顺序，但不会有变化，他们只取决于检验结果所记录的数据。但 7.1 图的分布发挥了作用，它告诉我们，某个东西出了问题（即检验本身)。与 7.1 图关联的流程图没有增加任何信息，图 7.2 中的分布无助于查明任何问题的存在。如果没有流程图，单独从这一个图来判断，查不出即将发生的问题。

例 3，测量普通（环境）原因。前两个例子处理特殊原因，即因为某特定工人或机器，或特定一群人而产生的原因。当过程并非随机时，统计技术可以找到问题的特殊原因。同样的统计技术也告诉工人，如果调整无效，甚至造成更大的差异，这时就顺其自然，不要过度调整。

任何管理者都会面临另外一种问题，无论工人技术多么熟练，也无论他们的警觉性多么高，生产中至少会有一些因普通原因或环境原因造成的问题。某部门的全体工人在管理者设定的环境中工作，这种环境只有管理者才能改变。例如，所有工人使用同一型号的设备或仪器。他们全都做同样的事情，使用同样的原材料（也许是半成品的装配件），他们必须忍受同样的噪音和烟雾。

管理者们常常以为，所有问题都是工人引起的：如果工人按规定的动作小心操作（焊接、安装部件、拧螺丝），产品就应该没有任何问题。这种推理没有解决问题。现在，警觉的管理者们利用统计技术，能用红外线般的视觉调查问题。

现在举一个制造男鞋的小厂的例子。缝鞋底的机器很贵，缝纫线断了之后，操作工人重新装线、调整所花时间是浪费掉的时间。每次浪费的几分钟加在一起，就是几小时，甚至一个月内达到几天。这不仅浪费了设备租金、操作员的工资，而且浪费了劳动力和材料、厂房闲置费、灯光，总的间接开支增加。在这个工厂，大约10%的工作时间用于重新装线和调整。管理者们很担忧，用统计方法思考，问题变得很明显。观察每个工人浪费的时间比例为制作类似7.3图的图表提供了数据。这个图表显示，所有操作员花在重新装线和调整机器上的时间差不多一样。实际上，每人每天损失的时间没有规律。但操作员之间的一致性表明，只能是环境原因。问题在哪儿？

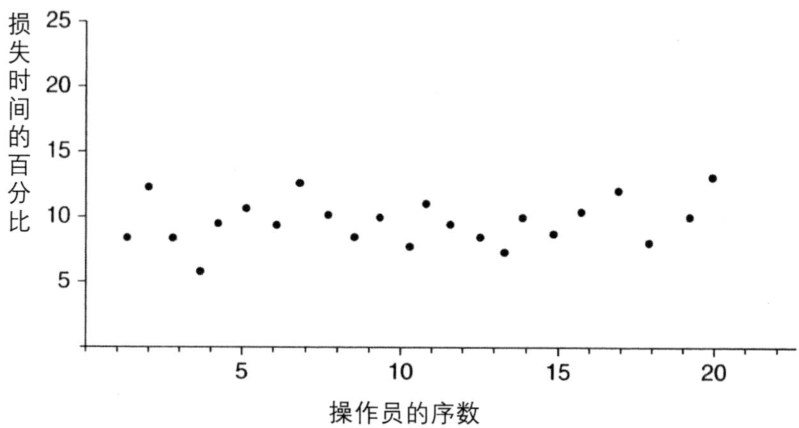

图 7.3　每 20 名操作员损失的时间

结果发现，问题出在缝纫线上。为了省钱，公司的管理人员买二级线，每卷二级线比一级线便宜 10 美分。捡了芝麻丢了西瓜。买质量不好的线带来的麻烦把买线省下来的钱全都抵消了，而且开支多出许多倍。

换成一级线后，减少了 90%浪费在重新穿线上的时间，节省的费用比买好线增加的开支多出好几倍。

这个例子与例 1、例 2 有什么区别？在例 1、例 2 中，工人自己能适当改变，他们改了。在这个例子中，操作员无能为力，他们不能订购一级线，把质量差的线扔掉。他们的工作很严格，没有弹性——用管理者提供的材料和机器生产。他们全都用同样质量差的线，也就是说，他们都有导致问题的共同原因。管理者对普通原因（环境原因）负有责任，只有管理者才能换线。

但管理者怎么知道是否存在导致问题的共同原因呢？这个问题的答案很简单：普通原因一直都存在，但管理者要的答案不只是这个，他们需要一个更好的答案：管理需要用图形和数字测量共同原因造成的问题的幅度。没有统计技术，管理者不可能精确知道因只有管理者才能改变条件而造成的问题的严重程度。

像图 7.3 这样的图表告诉管理者管理出了问题：只有管理者做一些重大改变，重新穿线损失的时间才能降到 10%以下。例 3 中换线就是重大改变，但是要改变什么并不像第三个例子中那样容易发现。有时需要做一系列的实验，查找问题的原因，统计设计的实验可查明下列普通原因：

原材料不合格。

指令差、监管差（几乎等同于领班和生产工人之间的关系差）。

振动。

管理重心从数量到质量的转移是产生问题常见的普通原因。生产工人依旧注重数量，而不是质量。管理者引导从数量转移到质量的方法虽然重要，但不在本文的范围之内。

写于 1970—1972 年，这篇文章是谭纳等人编著的《统计学入门》(1972) 44 篇文章中的一篇，由旧金山的霍尔顿·戴出版公司出版（这本书有新版本，但只有第一版才收录了戴明的文章“纠正问题”）。

THE ESSENTIAL DEMING

戴明讨论了统计质量控制的 6 种使用方法，并举了一些例子。

质量控制的统计方法

（一）

生产多少产品不重要，重要的是生产多少可接受的产品。质量控制中的统计方法是制造商和购买者提高产品安全、性能和产品数量的有力辅助工具，因为它具有以下作用：

1. 大大提高产品的安全性和产品性能。
2. 减少许多操作中要求的检验，但能保证质量更好。
3. 减少瑕疵产品，在可接受的安全范围内，获得更大的一致性。
4. 针对制造条件的变化可能导致问题或要求增加检验，给予早期警报。
5. 提供更好的记录，改善买卖双方的关系。
6. 为服务需求和经济生产制订公差提供理性基础。

（二）

使产品符合严格的要求，而且百分百正确的唯一办法是在最初生产阶段知道该产品在所要求的公差范围内。知道产品正确生产的唯一方法是了解制造和测试，用统计技术控制生产过程的重要阶段。检验——用眼睛——不是为分类，而是为了保证并维持所需要的质量，控制图告诉我们需要多少检验。只要生产方法正确，有效检验过程得到的结果将为生产者和消费者双方提供真正的保护。只要生产方法正确，就不怕购买方的检验。如果生产方法不当，严格的检验程序将使大部分材料通不过（验收程序的目的就在于此）。

(三)

安全、经济和质量保障全都要求有分布规格。仅有公差规格还不够，因为还必须规定要有多少产品符合公差。需要有记录制造过程重要阶段的控制图，以便得到稳定的分布、正确的级别和速度，并为维持所要求的操作条件提供保障。这对于那些必须百分百合格的关键部件的性能尤其重要，如例 2 中的弹簧。这对于制造经济和允许一部分瑕疵的材料采购经济也很重要。制造商和购买方都需要控制图的记录作为稳定的证据，当产品测试为破坏性测试时，更加重要。应该将这些记录作为产品的一部分包括在规格中，以改善买卖关系。

(四)

产品能有多大的差异，在不对设备和原材料做昂贵更换的情况下能有多大改善？统计方法有助于回答这些问题。

(五)

统计控制为决定是否改变规格提供合理的根据。

（六）

在生产或购买材料时，一直都存在两个问题：

问题 1：怎么处理这批货（接收、拒收、通过、丢弃、重做、重新定级，或进一步检验，以决定怎么做）？

问题 2：怎么处理过程（放任不管；或寻找一些可查找的原因，做一些调整，用不同的原材料；比以前的货物多做或少做一些检验）？

无论是制造商还是买方，这两个问题一直都存在，都要以某种方式采取一定的行动，明智也好，不明智也罢，每批货都要采取行动，每小时都要采取行动。控制图显示什么时候检验结果有差异是安全的，是否能推定可归属原因的存在，是否需要采取行动，据此帮助构思理性的行为过程。

（七）

质量控制中偶尔会发生两种错误：

1. 当质量差异只是随机事件时，查找导致差异的可归属原因，或增加检验的次数。
2. 当质量差异的确存在时，没有查找导致差异的可归属原因，或没有增加检验的次数。

必须要有心理准备，即使使用统计方法，偶尔也会犯这些错误，但是我们要尽量将错误成本控制在最低限度。休哈特控制图的设计目的就是回答这个问题，什么时候寻找可归属原因，以在两种错误之间达到经济平衡。

(八)

控制图中的每个点都是从检验被认定为是完全同批次的产品得到的结果。以某种理性的方式选择产品批次，目的是要发现产品差异的可归属原因。通常都是按照生产的先后顺序，选择少量的样本。这些点会按批次或按小时显示产品质量的差异，控制限度被放在控制图，放置这些限度的原则很简单，控制限度为要采取的行动提供基础。当某个点在控制限度范围内，可以假定是某些可归属的原因导致了所生产产品的差异。无论是制造产品还是购买产品，缺乏控制表明条件不一样，需要增加检验。

(九)

每个产业管理者都有责任了解统计方法背后的原则，然后使用统计方法，当控制图显示需要采取行动时，他所在的机构能而且会采取行动。

(十)

使用控制图时有以下问题：通常意义上的规模生产不必使用控制图，大多数都能满意操作。

测试验货的一致性和精确性。

测试铆钉或焊接中的瑕疵，发现是否存在导致差异的可归属的原因。

测试标准化。

人员操作标准化。

检验已完成的安装。

就办公室处理的错误和生产率的差异性采取管理行为。

食品和药品标准化。

制订每件产品的价格。

机器性能的标准化。

存货清单和实绩核算的差异。

摘自关于人口普查局和预算局的质量控制统计方法的论文节选

用于天普大学工程、科学和管理战争培训课的教学

1944 年 1 月 11 日

THE ESSENTIAL DEMING

在这篇选文中，戴明讨论了导致产品和服务差异的原因，他对比了因生产产品或提供服务的过程内在特征引起的差异与因特殊原因引起的差异。没有用统计方法查明原因的类型可能导致不当行为。之后，戴明还介绍了用于解决其他类型问题的统计技术。

不同统计方法解决不同问题

统计技术的一个重要用途是帮助工程师或科学家区分两种不同原因，据此纠正非期望的质量差异（有发生错误的可调节性风险）。

混淆普通原因与特殊原因是产业管理和公共管理最严重的错误之一。没有统计技术的协助，人对于任何问题——如事故、高拒收率、停产（如鞋厂因断线停产）——的自然反应是责怪某特定的操作员或某台设备。似乎任何坏事的发生都是因某个人的错误引起的，如果他把自己的工作做好了，就不会发生这样的事。

但实际上，可能所有机器都存在共同的产生问题的原因（如质量差的线）：管理者从当地或从分销商那里买线的管理是错误的。问题实际是由

共同原因造成，影响到所有操作员和机器。只有高层管理才能更正，这时却将问题原因归咎于某特定操作员、领班、机器或其他现场条件，不可避免的结果是挫伤工人积极性，令人沮丧，并导致经济损失。

特定操作员对共同原因无能为力。他不能改变原材料的规格，不能改变材料采购的政策，他不能改变照明系统，也不能改变地球旋转的速度。

统计质量控制的工人和编写这方面教材的作者们所犯的一个相同错误是以为一旦他们排除了大部分特殊原因，他们就解决了所有问题。事实是，他们只是刚刚准备好解决导致差异的最重要原因，即共同原因。

差异性的特殊原因

可以料想，导致质量差异的原因各种各样，问题在于差异的原因是特殊原因还是普通原因造成的。控制图合格线外的一个点说明存在特殊原因，休哈特称特殊原因为可归属原因。叫什么名字不重要，重要的是这个概念。

统计技术是概率理论的基础，使我们在解释测试结果时能控制错误的风险，几乎能准确无误地预防我们将质量差异和退货归咎于不该归咎的某个人或某台机器，避免因此而付出昂贵代价，并挫伤工人积极性。必要时，统计技术几乎能准确无误地查明特殊原因的存在。

统计测试要做的实际上不仅是查找特殊原因，证明特殊原因不存在，他们还能做更多：发现并排除原因的责任属于谁。统计方法的贡献是公正地将责任放在应该承担责任的地方（操作员、领班，或高层管理），这个贡献不可能被高估。

在美国产业采用统计方法的早期，统计质量控制方面没有被重视，甚至现在也被人忽视。日本得益于在这个问题上的前瞻性思考。

质量差异、错误的普通原因、错误的范围和分级

如果成功排除所有值得排除的原因，在另一个特殊原因出现之前，导致质量差异的原因是普通原因。也就是说，问题的原因都是随机分布，如同从普通供货中随机抽取单位产品一样。排除特殊原因之后，导致质量差异的其他原因对于所有操作员和机器都存在，应该得到同样的处理。

下面列举了一些普通原因，读者还可能提供适合他自己工厂或条件的其他原因。

★ 照明差。

★ 湿度不适合生产过程。

★ 振动。

★ 管理者对质量项目缺乏兴趣。

★ 咖啡厅的食物差。

★ 管理不得力。

★ 原材料不符合要求。

★ 生产程序不符合要求。

★ 机器不符合要求。

★ 不同生产线上的产品混在一起，每种产品都存在小小的差异，但是属于不同等级。

普通原因通常比特殊原因更难发现，更难纠正。查找普通原因首先要有精心设计的试验，然后问题才真正开始。如果采取下列措施，经济上是否切实可行：改变进料的规格；改变产品设计，安装新设备？改善照明条件？安装空调？只有管理者才能就这些事情采取措施。如果问题出自管理

者本身，谁纠正问题？

查明和排除特殊原因很重要，但实际上最有助于改善质量的是消除导致差异的共同原因和错误分级。有个例子虽然不是发生在通常的产业生产，但很有意思，它使华盛顿人口普查的质量提高，而且获得统计数据的成本下降。多年来，管理努力的方向一直是针对系统导致错误和高成本的普通原因，以及如何消除这些原因。现在的调查结果质量好、可信度高、速度快，为美国其他统计机构和国外所羡慕，而耗费的成本大约是美国私营企业在消费者研究中做类似调查支出的三分之一。

其他统计技术

可接受的样品是一种保护性方案，当样本的瑕疵多于允许的瑕疵量时，可以拒收并筛掉一批。单位产品的规格当然很重要，但无论多重要，买方不知道如何预计该产品生产的成本，除非他手里有这样的产品，而且有买方接受或拒收批次货物的取样方案。多大的量是一批货物？怎么处理发现有瑕疵的产品？如果买卖双方想彼此了解对方，必须将这些问题的答案作为货物接收方案的一部分，接收样品方案应该是合同内必需的一项产品规格。

在美国，人们最初将可接受的样品与程序控制相混淆。有人把它视为特殊原因探测器；其他人认为样品能让人估计批次产品的质量；还有人认为，样品区分产品好坏。

统计估计出现的问题在工业生产中很重要，它的重要性类似于决定某种机器是否比另一种机器好，能足以担保它的更换费用，或者能保证值得花更高的价格买更好的机器。消费者研究在预估中会有很多问题，其中一个很常见的问题是确定一船矿石中铁的含量。

估计时，人们不是要查找是否存在特殊原因，也不是想要发现两个过程或两台机器之间是否有区别。不用花一分测试费用就能预先知道，它们之间存在差异，唯一的问题是，差异有多大？

使用从两个样品（来自两种处理方式、两个操作员、两台机器、两个操作过程）得到的数据进行统计计算，为做出下列决定提供了一定的根据，但存在错误的风险：①假定两个样品来源相同，继续是否经济；②假定两个样品来源不同，差异是特殊原因导致，而不是因为共同原因，两种处理方式、两个操作员、两台机器、两个操作过程彼此不同，继续是否更经济。纠正概率错误的基本考虑在于可预见的经济损失①来自过于谨慎而导致的失败——没有做能带来利润的改变，或②所做的改变结果花费更大、更没有保障。

美国和其他地方一样，许多热情高涨的人将统计方法与其他专业问题混淆，以统计计算替代工程知识，并试图用工程知识解决统计问题。

统计技术的作用与局限性

统计理论不会产生问题，发现问题是管理者或主题专家们的职责（工程、生产、消费调查、医药）。企业中的问题也许就是简单地查找是否可能降低某些质量特征的差异性，如果可以，怎么做？也许问题比这复杂，比如质疑产品的基本设计；也可能是比较两个或两个以上的程序或机器，也许是化学过程的新想法。

测试并在休哈特图中使用什么质量特征，或者研究消费者调查时，比较不同产品要提出什么问题。统计理论不会告诉任何人要测试什么质量特征，但在试验设计与解释时，需要统计理论确定其可靠性与经济性。

与任何其他理论一样，统计理论是可转换的。统计符号不介意是什么问题，也不在意什么材料。理论的作用在于：一个问题的解决方案也许有助于许多其他问题的解决。Theory（理论）和 theatre（剧院）两个词都源自希腊语的 tha，它的意思是：看、理解。

没有专门用于过程控制的概率理论，没有专门用于样品认可的理论，没有专门用于可靠性的理论，没有专门用于预计问题的理论，没有专门用于试验设计的理论，没有专门用于材料测试的理论，没有专门用于统计研究设计的理论，没有专门用于工程的理论。实际上，只有统计理论。

统计员的工作意味着最佳分配人类技术和机器，快速、可靠地提供并解释测试结果或其他观察结果，以协助行政、管理和研究。其他行业（如管理、行政）有相同的目标，但统计员有实现这个目标的技术和工具。

对于在企业工作的统计员的一项基本要求是懂统计理论，并不断学习更多理论。要在这个领域工作，当然也要学习该领域的专业知识，但如果每天都巩固自己的统计理论知识，他的贡献会更大。因此，统计员不必为了给生产做贡献而成为生产程序方面的专家。他与懂生产的人合作，统计专家需要知道、需要做的是他自己的工作，而不是他人的工作。

当然，在小厂里，有时需要身兼数职，既是统计员也是工程师，但他必须遵守同样的规则。要有效工作，他应该只使用他懂的统计理论，只把该理论用于统计方面的问题，而不要试图用统计技术替代用于调查问题的基本工程学知识。

摘自“日本发生了什么？”

《工业质量控制》第24期第2卷

1967年8月

THE ESSENTIAL DEMING

早在1948年，时任美国总统行政办公室预算局抽样顾问的戴明就希望商业人员了解抽样的地位和重要性，也让他们知道抽样能做什么，不能做什么。这封篇幅很长的私人信件是戴明给纽约一个出版公司执行官咨询为什么许多民意调查没能准确预测结果写的回信。

戴明给普林特印客公司写的回信

很高兴被你邀请讲述有关抽样技术，尤其是最近几次大的民意调查失败的个人看法。首先必须承认，预报员比医生更难掩盖错误。

为了理解已经发生的事，一定要先分清楚任何调查必经的四个显著阶段。为方便起见，我就说说民意调查中的四个阶段。第一阶段，定义调查的领域。如果要做一项彻底调查（也就是说，如果不存在抽样问题），调查谁？所有成年人？所有在选举日具有法律资格投票的人？每个家庭的全部成员？决定这些重要问题，用技术语言定义调查的范围。第二阶段，必须根据调查的目的，设计有意义的调查问卷——在上述例子中，调查的目的是预测选举结果。第三个阶段，抽样——怎样在无须调查每个人的情况下就能完成这项工作。在上述例子中，抽样问题是从相对少量的样本中，以足够的精确度预测整个国家或几个州被调查的并回答问卷的人中有多少人或多少选民在最后选举中会这样投票、那样投票，或者不投票，现在热衷于谁，或对哪个候选人表示冷淡。第四阶段，解释调查结果。在选举预测中，这一阶段要求根据调查意见，在各种相关知识或判断的帮助下，预测星期二的选举结果。除这里专门列举的这些步骤之外，也还有许多其他步骤，如采访员的选择、培训和分配；实地调查工作的控制；采纳的定义和分类；编码。

有趣的是，我注意到无论是抽样调查，还是全面调查，调查范围的定义、问卷、采访程序、定义和编码都是一样的，但结果的解释与抽样过程复杂地联系在一起。

在这些主要阶段中的任一阶段敷衍了事都严重影响结果的可靠性和有用性，并因此而导致预测的失败。最近失败的案例发生在哪个或哪些阶段？显然，最后一个阶段失败了（只有最后一战才算数），但问题是为什么？是预测方法不可靠，还是预测所依据的数据不好，或者两者兼而有之？社会科学研究理事会指定了一个委员会审查事情的全过程，这里没必要重复他们的审查报告。我应该提供他们一些结论，可能有助于理解问题的实质，尤其是理解选举预测如何与许多其他统计调查不同。

如果我只能用一句话表述，最重要的一点是，预测人们如何投票是民意调查的一个步骤，民意调查的困难是其他各种调查都没有的。人口普查信息、食品储藏室的存货、采购、开支、价格、聘用等这些有关过去的数据肯定与预测选举结果不是同一个问题。我相信，要向公众强调预测大选结果的困难，并明确区分预测和获得用于预测的信息，需要经过一段很长的路，才能恢复公众对抽样调查的信心。

定义调查的范围是个难题，即使像计算某地区的人数这样简单的任务也是如此。要不要计算短暂停留人口、游客、临时分开的家庭？如果要，怎样找到他们？哪里去找他们？即便有 3000 万美元的经费，以及保证我能对美国本土做一个全面民意调查的无限人力，还应该考虑如何指导采访者掌握识别每个家庭合格选民的艺术。在满意地定义调查范围之前，既不能完整计算人口数量，也不能对民意进行抽样。如果不说明一天内能处理的全面民意调查的结果，即使星期一完成了民意调查，依然不能解决预测星期二选民投票结果的问题。

因此，无论样本多好，在民意调查和预测全部行为（投票行为）的净效应之间仍存在差距。这关系到总体行为的稳定性和净位移的差距，而此差距最终可能被社会心理学进一步研究结果完全填补，但要向公众清楚说明，目前，这个差距在很大程度上只能靠判断和主观方法填补。

尽管如此，这并不意味着预测没有必要或只能令人望洋兴叹，我只是说必须使用的方法通常不是统计方法。无论政府还是企业，在市场调查和行政管理中最重要的问题很可能要求预测人们将要从事的行为——他们要买什么，他们要在哪里居住，住多久，甚至要预测他们将怎么投票。实际上，我对要求预测人们未来行为的社会和经济问题持怀疑态度，一般看来，这些问题很吸引人眼球，但也很危险。

在上文中，我强调抽样只是预测选举结果中的一个环节。然而，这是个重要环节，在不以预测人们未来行为为直接目标的统计调查中，这个环节更重要。因此，在剩下的部分我要谈抽样。应该明确几点，因为民意调查和大部分市场研究都依赖配额抽样，应该先说说如何区分配额抽样与统计人员的概率抽样。

第一，配额抽样需要采访者的判断才能完成，因此它受制于选择性偏差、可获得性，以及配额的定义。这些偏差的重要性只能推测，至今仍没有真正的方法衡量它们，或提供潜在的理论解释它们。试图改正它们是危险的：我知道，没有什么统计方法能从坏数据里提出好数据。增加采访次数也无益。在概率抽样中，数学设计和精心实施实地调查工作能避免刚才提到的偏差。配额抽样法产生误差的另一个原因是它依赖人口普查和其他信息控制样本中获得的比例：控制的废弃将被纳入最终结果。概率控制可被设计为不需要控制，自己独立进行。

第二，使用概率抽样时，抽样误差可以控制，而且能测量。得到概率抽样结果、做出估计之后，可以计算出抽样变异性，不是将这些结果与人口普查数字进行比较，或观察这些是否看起来正确，而是对它们本身产生的结果进行计算。如果从抽样的角度来看，这些结果被彻底调查证明是错误的，那么这个事实清楚表明，而且使用者被警告说：不要对他自己的解释过于自信。另一方面，如果抽样变异小，用户可以相信自己的基本数字。概率抽样可设计为同时获得除抽样误差以外的其他不同的质量测量方法，比如因不同采访者的差异、培训采访者的不同方法，或者问卷的版本不同而引起的可能误差范围。

第三，在概率抽样中，预定规则控制着调查对象的选择和计算预计范围的程序，根据判断，不会以这样或那样的方式权衡结果。在调查对象的选择和预算程序上受主观判断影响的任何调查方法都会给出的调查结果要么是无法控制抽样精确性，要么无法衡量抽样精确性。

现代统计研究已经发现一些令人惊讶的抽样事实。填写配额是不够的，可能的话，比如这里增加几个名字，那里减掉一些，做一个“完美的横截面图”，在这个图里，不同的地理、年龄、性别、经济状况、教育背景以及其他分类与整个人口的这些分类高度一致，但对于某特别调查中问到的问题这种方法却无法成功。一个解决办法是辅助于随机、分层、估计方法和试验设计等现代抽样设计中使用的统计工具。

不能只根据每个采访员的工资或总支出比较两个调查的成本。没有同时指数，就不可能满意地计算价格。概率抽样提供了样本质量所要求的指数。

虽然抽样问题不断需要有能力的统计指导，但发现危险程序并不难，有给统计外行人员使用的、判断调查质量的标准。但调查描述要有全面而详细的调查程序说明，否则不能用这些标准判断质量。像“人口样本是完美的截面样本”（家庭主妇或其他阶层的人）这样简单的说明是不够的；无论用意如何真诚，这实际上无意间泄漏了它的实质。

值得注意的是，使用概率方法的人需要计算并公布他们的抽样误差，以及他们所使用的方法描述及其理论依据，以便读者能重新计算抽样误差，自己判断这些数字的意思。附加说明抽样误差和所遇到的任何困难，非但不是承认不足，实际上这是个优势，它表明调查者有能力，质量可知。

无论政府或很多私人研究的概率抽样多么必要，像我一开始就说明的那样，民意调查如果使用概率抽样，仍然有很多问题等待解决。

没有理由打击人们以后使用抽样调查的积极性，没有抽样调查，政府和商业的管理人员不得不在没有定期提供的有关劳动力、雇用量、人员流动量、价格、销售、死亡原因，以及其他各类人口和政府与私营企业管理中认为至关重要的农业特征等信息的情况下做出决定。没人喜欢凭空做决定。

摘自写给普林特印客公司的赫伯特·斯蒂芬先生的信

1948 年 11 月 26 日

THE ESSENTIAL DEMING

这篇文章比本章其他文章统计专业性更强，提供了做抽样调查的细节，包括调查可靠性的要求、好抽样调查设计的特征、调查步骤以及有关数据采集、抽样变异和偏差等内容。大约写于 1948 年，这篇早期文章可能是戴明后来出版的有关抽样和统计调查设计的两本书的起源。

抽样的管理

一、调查的要求

可靠性要求。理性计划和解决商业与政府问题要求收集当前信息，这种要求通常要通过调查才能满足。适当设计的调查能提供想要得到的信息，可靠性可以计算，可以知道，并在规定的时间、费用或其他限制条件范围内完成。

> 本文不适合全面介绍可靠性的含义，简单地说，可靠性是没有或几乎没有偏差，再加上抽样变异的局限性。抽样变异的外部可行极限可视为三倍标准误差，这里不进行定义。

每项调查都有各自独特的困难和要求。适当设计的调查一个重要方面是它的可靠度可知、可控制；换句话说，在专业调查工作中，其可靠性不用猜测。除可靠性之外，与调查有关的另一个重要方面常被忽视——调查应该提供会被实际使用的信息。有可能调查的设计和执行非常完美，得到的结果迅速、可靠、成本低，但完全没有用。常识告诉我们，不要收集一些不能用或不会被使用的信息。

专业的抽样要求广泛学习数学和统计学知识，而且有几年的、在有能力的人的领导下的抽样设计经验。但抽样设计的许多方面有可能要用非技术性语言描述，这篇文章的目的就是这样。

信息如果要真正有用，必须可靠，像上文所指出的那样，现代抽样调查最重要的特征之一是调查的可靠性可以控制、可以决定。实际上，是可信度控制产生了调查的另一个最重要特征，即适当开支。在抽样设计中，统计员的一个问题是满足可靠性要求，但不要超出这个要求，因为超出要求会导致资金或资源的浪费。

事先决定要求达到的可信度是任何调查的一个重要组成部分，应该与负责调查所服务的项目的管理人员合作制订。每个问题都有自己的可信度要求，统计城市人口要求的标准误差是2%，某些商品的库存目录，如小麦，要求的标准误差可能是10%；估计闲置公寓住宅即使标准误差大到20%、30%，甚至50%，信息还是有用的。专业设计的调查的可信度能够被控制，只要使用更大、更复杂的样本，并相应地增加资金和时间，就能得到所要求的大范围调查的结果。

调查可能是全面的，也可能是不全面调查，可能涉及人口、农场、潜在的购买者、商业机构、选民等。所使用的适当程序因问题和覆盖人口的类型的不同而大相径庭；可使用的设施也影响所使用的程序，如路况，是否能够通过铁路、公路或驴运输等方式联系到这些人，是否有受过培训或没受培训的人做这项工作，最近从事的调查中是否有详细的人口地图。与人口有关的信息越多，做额外调查，以特殊的可信度提供新的信息耗费的成本越少，但这里不讲如何在抽样设计中使用地图和详细的人口信息，否则将大大扩展了这篇文章的范围。

问卷和采访。在期望任何调查给出有用的结果之前，必须分析调查要解决的问题，直到提出可能被回答而且有用的问题。换句话说，除适当设计样本之外，问卷设计和采访的执行也同样重要。抽样的程序、设计令人满意的问卷，以及采访的适当程序全都要求彻底了解这个主题和调查过程中可能遇到的问题。这就是为什么有人说应用统计学是90%的专业知识，仅10%的统计知识；是休哈特就工程和制造的统计工作首次提出了这个观点。只把人送出去，让他们自己调查是不够的，无论送出去的人多么聪明。只有调查的问题和程序具有高度的一致性，还有将问卷回答归类的系统，才能得到可用的量化结果。设计问卷和采访程序必需的专业知识意味着知道调查涉及的实际人口、农场或商业机构；意味着知道所涉及的人员的性格、交通设施、样本中的人是否能提供需要的信息，他们是否愿意提供需要的信息。怎样找到他们？他们在家吗？如何选择样本单位？是以一小块地区为单位，还是以一定数量的家庭为单位、以单独的住宅为单位，还是以个人为单位？这个问题的答案取决于人口的许多特征；涉及地区之间、地区内、家庭之间和家庭内的差异（或差异度）。送采访者去采访样本调查对象、去样本农场或商业机构需要花多少钱？他们去那些地方需要花多少时间？怎样指导他们，他们才能以你希望的方式抽样本、进行采访。

应该记住的是，除少数几个设计调查的专业人员外，调查的大部分工作人员不是专家。这样的工作人员能否以期望的方式执行调查？这个问题不仅是他们是否能够，还包括他们是否愿意。因此，必须告知要以事先确定的方式进行调查，否则抽样专家根据预期的可信度进行的数学计算可能无效，产生严重的偏差。要达到所要求的目的符合度，常常需要实地测试。

承认问卷回答的差异性很重要。从某个人本人得到问题的直接答案可能与从其他家庭成员得到的间接答案不一样，如果提出的问题关系到某个人的政治观点，得到不同的答案一点儿也不奇怪。信不信由你，对于某人的年龄、教育、职业，有时甚至是他的婚姻状况，这个人自己的回答与其他家庭成员的回答可能不一样，甚至他本人在不同日期给予的答案也会不一样，时间间隔也许就是一两周。许多问题，如是否就业、某个女性是家庭主妇还是在工作，或者受教育的程度等问题都因为各种各样的原因很难回答。记忆错误和误解起一定的作用，部分差异毫无疑问是受访对象粗心大意引起的，部分是因为采访者自己听录音时粗心所致，但主要说明的是存在差异。有些现象不能仅仅被认为是错误或粗心的表现，而应该被视为与人类行为有关的有用知识。

在答复问题中，尽管存在这样的特殊性，但通常可以设计询问计划，以便得到可以利用的量化结果。大量的经验表明，如果抽样设计不专业，如果某些回答问卷的基本原则被忽视，开支巨大的调查可能以失败告终。询问计划决定后，一定要保证参加该项目的所有采访者都严格遵守。

二、好抽样调查设计的特征

从上一节内容，可以归纳出专业抽样的三个标志性特征：

1. 样本的特殊元素根据数学原则自动选择。如果在抽样方案中规定了这种选择方法，采访者或任何其他人都不得更改。所涉地区的每个家庭都要有被抽样的机会，这些机会是预知的，而且要用于计算调查的精确性。
2. 使用调查所获得数据的程序，以及如何利用这些数据计算全部人口的特征，要事先精心设计好，作为抽样计划的一部分。
3. 结果的精确性（抽样的标准误差）能够预先被非常精确地计算出

来，不用猜测抽样误差。

这些特征意味着抽样要根据某些规则进行，除非严格遵守了自动选样规则，否则可能没有精确计算结果的误差公式，不能控制偏差。相反，如果采访者根据自己的判断或方便，或根据调查对象是否愿意回答问题选择样本，选样规则将失去控制，无法计算预期的可信度，取而代之的只是个人的判断。不幸的是，如果专家们不同意这么做，调查的可信度无法决定，问题依然不能解决。

适当样本设计的经济性。统计人员不会对抽样误差做不必要的冒险，他不可能根据个人的主观判断决定误差。他要控制误差，要知道将误差减少到期望的程度需要花多少钱。他知道如果可信度超出能被实际利用的范围，即根据数据形成决定，只是浪费资源。他的指导思想很实际，也就是说，将下面两种错误引起的净损失最小化：

1. 为了省钱，使用的样本太少，或者样本不是最好的可能设计，其结果是常常出现令人头疼的抽样误差。
2. 过于要求精确，采用的样本太多，过于频繁要求超出实际需要的精确度，因而浪费了资金，放慢了工作进度，遇到的错误和偏差常常使人在大问题上受挫。

完全可以避免这两种错误，但往往只是从一个错误匆匆忙忙走到另一种错误。因此，可以通过抽取比实际需要大得多的样本避免第一种错误，同样也总能通过大大削减开支抽取太小的样本而避免第二种错误；即使抽样专家偶尔也会犯这两种错误，但他的长期净损失是最小的，他根据误差公式和新的有效样本设计将损失降低到最小。

三、调查步骤

这里简单说一说调查计划的制订，进行调查时通常要涉及的调查步骤。首先，一定是在管理、政策、设计或研究中出现了问题，有人建议从调查数据中得到有益的新信息。

1. 陈述问题，需要从调查中得到什么。

定义要研究的范围，草拟样本制表计划。考虑执行调查的资源：办公室、现场工作的人力、地图、名单、操作说明和类似工作经验、大致的成本，并决定是否可能先处理。考虑定义和采访的困难、信息的可获得性、分类和解读数据的困难。如果可能的话，决定什么类型的调查能提供所需信息。

2. 调查类型确定之后，计划如何能减少将会遇到的误差和偏差。

3. 如是概率型计划，确定可允许抽样误差（2%、5%、25%，还是 50%）。

决定可允许的误差是管理人员的事，但通常必须由统计人员与管理人员一起解决。需要调查信息的管理者往往认为调查信息绝对和完全令人信赖的。他听说过抽样误差，但可能意识不到采集或解读数据时遇到的其他困难。或许他认为抽样是机会游戏，不知道抽样误差可以控制这个事实。他负责管理项目，不能接受不必要的风险，他需要事实，而不是误差或猜测。因此他很自然地要求大样本，甚至全部统计，于是就犯了上面提到的第二种错误。另一方面，统计员完全知道这个事实：绝对精确只是一个神话，应该面对现实，根据实际要求的精确度和成本，坚定自己的立场。管理者有时满足于根据观察者的印象行事。在质量探讨和科学设计的调查产生的预计数字结果存在重要区别，统计员应该明确这个区别。

4. 计算成本，确定在允许的开支范围内是否能得到所要求的精确度，或决定是否必须降低要求，做低成本工作，或放弃调查，或改变特征。

5. 设计和预先试验调查问卷，编写现场操作说明和定义，并修改。准备大量的说明。

要求知识广泛。如果拒绝率太高，概率抽样将不可能进行。不能过高估计调查问卷和操作说明的重要性，它们存在是否有效的问题，无论小样本或完全统计都这样。预先试验调查问卷和操作指令有助于决定调查是否需要继续，如果拒绝率太高，或成本太大，答复负担过重，应该放弃调查。

6. 制订抽样程序，提供地图、表单，并进行控制。制作表格和其他办公室内的操作程序；他们是抽样设计的一部分。

抽样设计的目的是以最小成本达到所要求的抽样容差，或者在允许的预算范围内获得最可能的精确度。使用现代抽样方法，事先控制精确度和成本是可能的，准确度非常接近真实结果。

7. 进行调查。

8. 如果是概率抽样，计算实际获得的某些特征的抽样误差。

9. 解释并公布结果。

> 公布包括有关调查过程、结果、结论和建议措施等方面的研究文章。同样重要的还有提供一份简单的总结报告，供管理者使用，说明建议采取的措施。

从数据中得出结论和建议是专业统计工作，因为误差、偏差和其他干扰数据的问题影响数据的意义，这些是统计人员的特殊领域。

发表研究论文应该包括以下内容：过程说明、定义、名称、现场和办公室内遇到的困难，以及他们对数据的影响。必须提供足够详细的细节，以便读者能得出或证实结果差异的公式，就精确度形成自己的看法。

能从调查中学到什么？调查能以什么方式丰富人们的经验？观察到的某些差异和关联也应该发表，作为未来计划的辅助资料。

四、抽样的特别说明

如何收集信息。人们收集信息时的第一个冲动是：出去问几个人，看他们怎么看待这件事。步骤 5 的确要求这么做，这是执行步骤 4 和步骤 5 的必要措施。可问题没那么简单。假设你对人们的选举态度感兴趣，找谁谈？如何提问？对于许多问题，如果只是简单地从家庭、商业机构、农民、教育机构等“典型”样本中获得信息，或让采访员自己选择要提的问题，这样做是灾难性的。引导人们发表自己意见时，简单地与任何碰巧在家的人或偶然遇到的服务生、售货员、零售商、喝咖啡的人、出租车司机、警察等交谈是不够的，从这样的观察中归纳出结论有可能导致严重错误。首先，上面提到的这些群体只是城市人口的一部分。其次，这样的调查程序无系统覆盖，不能用数字衡量人口特征。另外，需要有询问和回答归类的系统框架。以危险的方式得到信息可以成为写书的有趣材料，但不会提供用以做决定的数字信息。

简单说说抽样的基本原则。实地采访人员随便找来交谈的人不能被称作符合科学调查严格要求的样本，他们只是某个调查员与之交谈的人。找人交谈——偶然遇到的、似乎愿意交谈的任何人——的困难是这样的听众通常不具代表性。愿意交谈的人或邀请我们交谈的人、街边喝咖啡的人、商店售货员是人，这是肯定的，他们是雅典或其他城市的居民，但他们只代表某些阶层或人口的一部分。他们应该成为样本中的代表，样本中有他们，但只能在比例范围内选取他们。

抽样工作要具有客观上的可靠性，必须使用的方法是自动选样或随机选样。在科学的选样设计中，调查员们被派到某些商业机构或某些地区，以及该地区内的特定家庭或地址。这些特殊单位之所以被选做样本，不是因为他们愿意成为调查对象，也不是因为某个人认为他们看起来像代表性家庭，这点非常重要；调查员或被选择的家庭都不应该对他们是否应该成为调查对象发表任何观点。家庭的选择应该非常类似于从一个袋子里取石子，应该把袋子里的石子充分混合，蒙上眼睛抽，这样抽取的结果，才叫样本。手抓到石子的时候，必须拿出来，别无选择。这种抽取方法叫自动选样。家庭样本也应该用类似的方法抽取，不要在乎调查员或家庭的态度。

如果认真研究专家制订的抽样计划，你会发现，所有商业机构、所有家庭或所有地区都有机会成为样本，任何特殊单位成为样本的概率都是已知的，没有一个商业机构、家庭或地区会落在被考虑的范围之外。当然，不需要采访所有机构或家庭（如果样本小的话，实际上只有一小部分家庭会被实际采访），但每个机构或家庭都有被选择的机会。不会因为经济水平、便利性、地理位置、职业、是否愿意交谈、外貌或任何其他原因而将哪个机构或家庭排除在外。这样才会得到好的样本。

在样本地区内选择家庭是抽样程序的最后一步，但奇怪的是，在许多抽样实践中，大部分失败都发生在这个环节。像前面所说的那样，偏离原则会降低将要获得的数字的可信度。因此，必须遵守原则。

随机或自动选择家庭的抽样与调查员选择家庭的抽样不同。在一些民意调查或消费者爱好调查中，人们使用过第二种程序，但如果必须考虑可靠性控制的话，这样做是不合适的。

必须研究调查说明，并监控调查程序。因为计算和结论取决于是否忠实执行抽样规则，最重要的重点必须放在程序上，但是，调查员会发现更方便与家庭成员交谈的机会，而不是按规则指引的方式进行。调查规则可能要求他去路途遥远、难以到达的家庭，或找到的调查对象不愿交谈或过于健谈；可能他要走小路，过泥泞；在某些地区，他几乎不可能受欢迎。调查规则可能将他引导到空无一人的房子，或者在家的人没人能提供他要的信息，但这些家庭在样本中，如果可能的话，他必须再去那些房子，或者从邻居得到要求的信息，或者从邻居打听，住在这些房子里的人什么时候有可能在家。

真实记录所发生的一切很重要，即使最认真的调查员也会偶尔被拒绝，偶尔采访失败，因为没人在家，找不到人。这样的事很正常，不可能十全十美，但只要每个项目参与人都尽力就够了。

抽样变异和偏差。统计员根据计算出的风险制订样本的选择程序。他知道任何调查都有两种误差，并知道如何控制误差，尽管在规定的时间、经费、交通、困难、人员和其他因素等的限制下常常不能像他希望的那样控制得那么好。一种误差叫偏差，另一种误差叫抽样的随机误差，或简称为抽样变异。前面已经说过一种偏差，即选择偏差。如果某个人根据自己的判断选择要调查的家庭，想得到具有代表性的家庭和代表性的建议，他很可能不小心犯选择偏差的错误。在抽样中，本意好是不够的，实际上，意图好几乎很有可能在家庭的选择上产生偏见。

再三考虑偏差会很有意思。即使包括每个家庭、农场或商业机构在内的全面调查也不能排除人口普查中存在的偏差。令人惊讶的是，样本增大时，许多偏差甚至更大，完全覆盖的大规模调查尤其如此。调查工作的控制变得困难，当许多工作人员递交报告、等待核查、被分派新的工作时，很有可能失去控制，事实经常如此。工作规模增大，必须聘请更多的工作人员，工作人员的表现和能力差异范围也变得越来越大，于是偏差进一步加大。培训和指导因此也随着工作人员数量的增加而变得越来越困难和复杂。全面调查中另一个同样重要的偏差是不完全覆盖导致的偏差，即没有得到所有家庭、所有农民、所有商业人员或其他抽样单位的应答。在大规模调查中，这种偏差常常很严重。一般来说，工作量越大，未完成采访的百分比越大。

相反，样本小，工作人员数量少，因培训、指导、缺乏控制和无应答而导致的偏差随之减少。当然，抽样会导致抽样的随机误差，但这些误差可以控制，可通过增加或减少样本将它们控制在所希望的小范围内；也可以调整地区或家庭的选择规则，并相应改变估计的程序，这里我不进一步解释这个问题。专业统计员一直在不断设计新的数学理论和新设备，如更好的地图、更全的地址，以及制表机器上用的新设施，这些都会缩小抽样误差的范围。

作者认为本文写于 1948 年

THE ESSENTIAL DEMING

那些熟悉统计显著性的读者可能觉得这封信中提出的观点很有意思。

在美国国家卫生统计中心出版的期刊中发表的一项研究结论称，白人孩子的中频听力比黑人孩子的好。戴明质疑，既然事先知道存在差异，为什么还要做研究。如果测试差异的程度，以便向医学界、社会学或学术界指出重要性的不同，而不只是得出结论说存在差异，这项研究会更有益。

戴明一直是个教育家，他把这封信寄给了美国国家卫生统计中心的主任：

亲爱的泰德：

期刊第 11 期 111 号“儿童听力水平的人口和社会经济特

征”一文在第三页写道：

白人孩子在中频1000赫兹到4000赫兹的听力普遍好于黑人孩子，在3000赫兹到4000赫兹的平均差异具有统计学上的显著性。在两极的频率范围内（250赫兹到500赫兹，以及6000赫兹到8000赫兹），黑人孩子的听觉似乎比白人孩子更敏感。在各年龄段，这种差异模式一般都存在，但平均差异不总是特别显著。

证明白人孩子与黑人孩子之间存在差异这样的研究有必要吗？我要说的是，在做任何这样的研究之前，人们不用花一分钱就能预计到白人孩子与黑人孩子之间有区别。证明他们在某个特征方面有显著的不同所需要做的只是做一项足够大的调查。

重要的不是白人孩子与黑人孩子是否存在差异（因为人们事先就已经知道他们不一样），而是这种差异是否超过了D量级(也许有点复杂，因为是以分贝为衡量单位，可能随频率的变化而变化)。D量级是临床医学事先确定的某种量，D量级要多大才能在医学、社会学或学术界有意义？是否超过了这种差异？这是调查应该回答的问题，D量级确定以后，没有必要再做这样的研究，我们从来不研究某种差异是否显著。

就这些问题召开一次讨论会是否有帮助？如果开的话，我会参加。星期一或星期二最适合我。

真诚的

爱德华兹·戴明

摘自给国家卫生统计中心主任西奥多·德怀特·伍尔西的一封信

1972年4月3日

第八章

日本记事

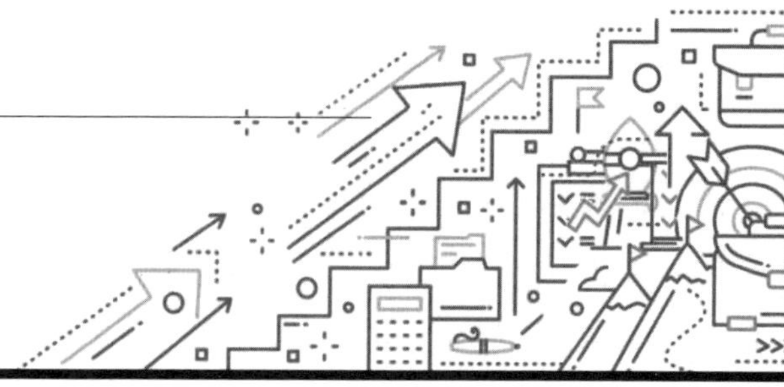

THE ESSENTIAL DEMING

第二次世界大战后，在占领日本期间的盟军总司令道格拉斯·麦克阿瑟将军的资助下，戴明博士作为一名抽样技术顾问于 1947 年和 1950 年去了日本，协助日本的人口普查。除这些活动之外，日本科学家和工程师联合会（JUSE）于 1948 年成立，其宗旨是根据盟军总司令的民事沟通部门的建议，提供统计质量控制服务。JUSE 在 1949 年 9 月举办了第一次质量控制研讨班。虽然 JUSE 的主要组织者小柳贤一博士 1950 年初才见到戴明，但他知道，戴明是统计质量控制的先驱者之一，他认为“请戴明这样著名的统计专家来做讲座，将有可能产生具有划时代意义的结果”。于是，小柳贤一博士邀请戴明去日本做有关统计质量控制的讲座。

1950 年 3 月 8 日，小柳贤一代表 JUSE 给戴明写了一封信，请他帮两个忙：

1. 给刚开始学习或对质量控制方法产生兴趣的日本研究人员、工厂经理和工程师们做质量控制方面的讲座。

2. 给 JUSE 出版的月刊《统计质量控制》的第一期撰文（摘自小柳贤

一 1960 年在东京写的“戴明奖”一文)。

下面是戴明博士对小柳贤一博士代表日本科学家和工程师联合会邀请给日本研究工作人员做几天讲座的信件的回复。

亲爱的小柳贤一先生:

被你邀请今年夏天做讲座，并对你提议的质量控制的统计原理及其应用课程提供帮助，对此我深感荣幸。首先，我要说你计划的 5~7 天、每天 7 小时的强化课程非常好，我本人就在美国多次组织过这样的课程，结果很好。这样的课程能让那些不能修正规大学课程的人同样学到知识。

我相信，我能做一些有关统计理论和应用演示方面的讲座，每天 2~4 小时，帮你上这门课。不过，在时间安排确定之前我应该先解释一下，以免为时过晚：我的时间安排由盟军驻日本最高司令官经济科学部研究和计划分部的肯尼斯·莫若先生决定。但我相信，在我东京逗留期间，莫若先生将很高兴让我协助上这样的课程。我会跟他谈这件事，并尽快给你明确的答复。

在美国，给没有学过基本统计理论的人上这样的课程，最低时间要求是 8 天，我觉得，东京 7 天的课程可能要比 5 天的课程好很多。如果可能，甚至还要延长到 8 天。希望你能考虑的另一个建议是，看看是否有可能让上课的学员做一些课前准备。在实际上课之前，给每个学生提供一些预先学习的文章。例如，注册费应该足够包含像美国标准协会出版的《生产期间的质量控制的控制图方法》等这样的小册子所需要的费用。我将通过海运给你寄一份。如果学生彻底熟悉了那篇文章的内容，他们还应该学习一些统计分布方面的知识，5~7 天也能学完，没有任何基础的需要 8 天。

至于报酬，我不要求给我任何报酬，能帮助你们就是我极大的快乐。

日期方面，我预计抵达日期是 6 月 1 日。现在还不能确定在东京停留几天，但我希望 6 月、7 月都在东京，有可能 8 月的部分时间也在东京。我认为，给你上课的最佳时间是 6 月底或 7 月的第一周。

我曾经想过，在东京的时候是否要上一门抽样的基础课，课程内容涉及人口、农业和工业产品的抽样，包括质量控制。可以每周面授 3 次，教材用我即将上市的新书。如果可能的话，在大学里上这门课。我将给你附一份课程大纲，便于你了解我对这门课的类型的想法。因为我在东京的时间短暂，有些问题只能粗略涉及。

请相信，我非常乐意以各种可能的方式帮助你，请接受我最真诚、美好的祝愿，祝你的课程和期刊成功。

你真诚的

威廉·爱德华兹·戴明

抽样顾问

1950 年 4 月 22 日于华盛顿

THE ESSENTIAL DEMING

戴明博士在日本做了 1000 多次讲座，写了几百篇文章，有些文章只有一两段，有的文章相当长。下面是他在 1958 年到 1970 年间写的一些文章，每篇文章强调的内容都非常独特。

质量的飞跃

大部分日本产品的生产在质量和效率方面的飞跃始于 1950 年，现在依然动力强劲。日本制造商的成功用事实说明：当整个国家下定决心积极、有系统地学习，并在生产的各个阶段（从原材料的规格和检测到最终产品）都使用统计方法，而且以消费者调查和革新作为补充，其目的在于设计新的产品，将产品可靠性提高到一个新的阶段时，能产生什么样的结果。

1950 年，日本发生的质量飞跃不是偶然的，只有决心和成本利益分析无法实现这样的进步。它是管理人员、工程师、生产工人、全日本的企业、全公司上下、全国各地都在工作中使用统计方法一起努力合作的结果。日本的制造商们通过日本科学家和工程师联合会给我发来邀请信，1950 年 6 月、7 月和 8 月举办了第一阶段的关于生产中统计方法的研讨班，学员包括工程师和高级管理人员。从那以后，日本科学家和工程师联合会多次邀请我去日本，给管理人员、工程师和领班们上有关统计应用的各种课程，以巩固和继续这方面的学习。

有趣的是，日本的一些服务业从一开始就热衷于统计方法，如日本国有铁路公司、日本电信电话株式会社、烟草专卖、邮局。

摘自“质量和效率管理的新原则”

马尼拉

1979 年 7 月 2 日

国外质量控制经历

将统计方法作为从原材料到消费整个过程的一种管理方法，应用于生产的各个阶段，我认为日本在这方面领先世界，位居第一。这些方法产生的推动力现在全世界都已知道。有关质量的日本文章无人可以超越，很受欢迎。

方法。我在日本的工作开始于 1950 年，我曾对日本的统计协会和日本的统计员们强调说，他们的知识是日本最重要的国家资源，通过使用统计方法节约煤、铁、汽油、棉花、机械、铜和其他稀缺资源完全等同于出去寻找水、地下的煤、地下的石油、地里种的棉花或一船船的机械。任何国家也都是这样，但日本的情况更特殊，因为日本的所有物资都需要进口才能满足他们自己的需求。

日本的成功源于我在日本合作的对象是日本人这个事实。提醒大家，日本的教育包括微积分和物理，因此日本人对任何学习都有非常好的基础。其次，小柳贤一先生的组织能力极为出色，他是日本科学家和工程师联合会的管理负责人，是他安排我在日本的讲座和工厂参观，以及给行政主管们的讲座。给行政主管们讲座的主持人是石川一郎先生，他是日本科学家和工程师联合会主席，兼昭和电工株式会社的总裁，昭和电工是最大的商业化学品制造商之一。现在他担任原子能委员会主席。

1950 年之前，日本知道统计质量控制，偶尔有零星运用，但理论研究活动很多，因此他们有基础。

给行政主管们的讲座。石川先生如果要邀请十几个或 50 个高级管理人员来开会，他们都会来，任何日本人都会接受他的邀请。高管们的主要会议安排如下：

★ 1950 年 7 月：50 名高管在工业俱乐部聚餐，讲座的内容是统计方法在企业中的作用。

★ 1950 年 8 月：60 名高管在箱根山全天会议。

★ 1951 年 7 月：在日光市的山上与 60 名高管午餐、会议。

日本迅速接受统计方法，在很大程度上是因为高级管理人员已经接触了这些方法，而且相信这些方法对于生存至关重要，这意味着学了统计方法的年轻一代有机会试用这些方法。

我不是经济学家，更谈不上市场营销专家，但我能加减乘除做运算，在我看来，如果日本商品能在世界不同地区找到市场，他们不用担心日本是否能种足够的粮食维持人们的生活。比现在进口更多的食物，出口日本商品，用赚来的钱购买这些食物，这样做也许很明智。芝加哥人自己不种粮食，他们出口产品，用赚来的钱买食物。瑞士也是这样的国家，他们大部分粮食是进口的，出口手表和全世界需要的其他产品。我曾经自己弄了个蔬菜园子，花 80 美分买种子，毁了一片草地，把它变成菜园，收获的作物价值大约五六美分，于是我决定还是买食物。

需要对日本的管理人员强调的一点，日本生产的任何产品，不管质量如何，都以垄断价格卖给其他亚洲地区，这样的时代已经一去不复返了。他们必须让自己的产品以质量和价格优势走向世界各地。凭着日本工人的优良技术和生产率，不应该怀疑他们成功的可能性。

接下来我要说的第二点是，日本需要很长时间才能消除第二次世界大战前日本产品的坏名声。一定要出口质量更好的产品，再也不要往国外运输有缺陷的低级产品，损害日本制造商和工人的名誉。这需要所有人的一致努力，今后的一切都由日本人自己努力。

统计方法能帮助日本制造商提高他们产品的质量和可靠性，以具有竞争力的价格将产品推向市场。这是我的想法，高管们相信我说的这些话。

顺便提一句，如果美国的一些制造商努力面对竞争，少花时间游说提高关税，降低进口配额，他们就不会这么担心日本人的竞争，就能让美国人都享受到优质、低价的利益。许多人都说他们相信自由企业制度，相信竞争，但他们的意思是让其他人竞争，自己不参与。就我自己来说，我相信自由企业，不害怕日本统计专家、英国统计专家、法国统计专家或其他国家的统计专家。如果他们做得更好，我要做的事情就是去找他们，把他们请到美国来，看看他们到底怎么做。我不知道有什么统计专家到处游说，要把日本统计专家、英国统计专家或其他国家的统计专家排除在外。这样的人，我们引进越多，越受益。

我也想提一下这个事实：日本的制造商不会向日本政府，也不会向我们的政府请求帮助，他们自己通过日本科学家和工程师联合会筹集资金，支付他们需要的咨询服务费。机票和支票随邀请信一起寄来。

同样还是这个自愿机制，为日本科学家和工程师联合会安排的课程提供资助，后面我还会就这件事多说几句。

我借这个机会转达日本制造商对统计方法带给他们的帮助所表达的深切感激。他们对自己获得的益处一直直言不讳，曾不止一个管理负责人或大公司总裁告诉我说，采用这些方法，让他节约了几百万日元。说句题外话，有个周末，一个大公司总裁安排我们去山上娱乐，他在宾馆定了房间，找来 5 名艺伎，一切安排都尽可能让他的客人们感到舒适，但一想到他的开支，我深感不安。这种心情一直持续到他带我去参观他的两三个工厂，让我看了他们采用统计方法后取得的成果。显然，那些工厂几天内节省下来的钱足以支付那个周末的开销，从那以后，我的心情才得以解脱。

给工程师们做的讲座。第一期课程是根据美国将统计方法引入企业的 8 天课程设计的，美国的第一期课程在作者的建议下，于 1942 年在斯坦福大学开办。

日本接受 8 天初级培训的人员数量大致如下：

1950 年夏天

东京：220 名学员

大阪：110 名学员

福冈：110 名学员

1951 年夏天

东京：220 名学员

大阪：110 名学员

福冈：110 名学员

在统计理论能发挥作用的地方使用统计理论，但不要用它解决专业问题，如化学、工业化学、生产、营销、心理学、机械的使用、会计、医学或其他主题。统计方法唯一能做的是指出特殊原因的存在，有许多好方法能实现这个目的，最著名的方法有休哈特控制图、显著性检验、游程检验。当某个点超出控制或结果显著时，几乎可以肯定存在特殊原因。统计方法不查找原因，这是相关专家的责任。在许多情况下，这个专家就是机器的操作人员。

消除特殊原因是否经济或是否可能通常是某个上级人员的职责，肯定不是统计问题。

查明并排除大多数特殊原因之后，剩下的是导致差异性的普通原因。普通原因各种各样，有几种不同类型——照明差、潮湿、振动、餐厅的食物不好、缺少真正的质量方案、监管差、原材料质量差或质量参差不齐。

消除普通原因需要上级管理采取行动，工人或领班不能改变照明，不能安装空调，也不能制订质量方案，这些事情只能由高层管理人员来做。统计技术确定各层、各岗位采取行动的责任所在。它将专业知识指引到最能有效解决的问题上，从而改善专业知识的运用。如果有人懂统计方法的作用，知道它在哪里能发挥作用、为什么能发挥作用，开局将非常好。之后的一切将由学员自己以各种方法自我提高。

我前面说过，要将统计理论运用到统计理论能解决的问题上，不要用它解决专业问题。如果生产工程师知道统计方法能为他做什么，知道只有在特殊原因存在的情况下，统计方法几乎可以肯定地指出它的存在，他的工作就是：①决定什么是需要检测的重要质量特征；②当统计方法指出存在特殊原因时，找到特殊原因；③根据经济学决定是否要排除该原因，然后，在所选择的领域内，他就能精力充沛、满怀信心地采取行动。如果他知道统计实践的这些原则，就不会错误地使用统计理论，也不会错误地使用他的专业知识。

我相信，明确的责任给日本帮了很大的忙。他们没有指望统计方法做不可能的事，但他们明白，除统计方法之外，一些非常重要的生产问题没有其他方法能解决。这样的思想状态最重要，我相信，这样的思想状态比渊博的统计技术更重要。

在日本，只要教这些理解问题的原则，以及足够的开始某些工作所需要的基本技术，其余的由日本人自己完成。

日本科学家和工程师联合会安排的其他课程。第一期讲座之后，小柳先生立即安排了一系列各种类型的课程，以巩固学员们在第一期讲座所学的知识。这些课程一直在开设，还增加了课程，以照顾不同水平和不同情况的学员的学习。有些课程压缩到一两周，是特别为那些居住地离东京很远，要来上课就不能工作的人开设的。

其他课是为家在东京地区的人开办的，每周在不上班的时候上课。这些课程帮助几百个日本人得到了基础培训，并让他们有机会继续接受统计教育，一直到高级的数学统计学，世界上没有其他机构能提供这样的学习机会。由小柳贤一先生担任编辑的月刊《统计质量控制》1951 年开始发行，内容包括理论和应用。刚刚出版了第 100 期。《统计应用研究报告》

期刊创刊于1953年，川田先生担任编辑，刊登的文章是有关该组织资助的理论研究和教学方面的内容。

几所大学做出了非常出色的工作，实际上，数学统计学的几位领军人物是在日本的大学。

结果。我不会愚蠢地认为，只要试过了，就能成功，但在几个月内，成功的事例有几十个，并发展成为其他类型的统计应用。到1951年夏天，也就是第一期讲座的一年之后，已经可以看到实实在在的效果。例如，位于名古屋附近的东洋棉纺织公司的一个工厂过去的600个工作位中有450个空着，线不断从织布机上掉出来，在这个问题被纠正之前的那一年，那些空位置上都曾有女工们在那儿工作。现在，这450名女工又回到了自己的生产岗位，该工厂有9000名工人。从纠正问题到专心生产这一改变意味着要在生产上多付出5%的努力。结果：不但产量增大，而且明显改善的产品质量使他们在价格和竞争中处于优势地位。富士钢铁公司报告说，他们生产一吨钢材比以前节约了20%的煤。田边制药公司报告说，对氨基水杨酸和其他产品的产量是原来的4倍。古河电工株式会社在横滨的工厂生产电线和电缆的产量已经大幅度提高，产品质量的一致性也大为提高。所有这些增产都没有增添任何新机器或新产房。

小柳先生在他编的一本小册子中记述了统计技术在日本企业中的应用，这本小册子是他1952年在罗切斯特的美国质量控制协会演讲时的内容，这是我所知道的统计方法应用案例的历史最佳纪录。另一个同样信息丰富的文件是日本生产率中心1958发布的“日本的质量控制”，刚刚发布。看了这些文章的人也许会感慨地说，开始时，日本的效率一定非常低，所以才要取得这么大的节约和提高，但我们的亲身经历前后都一样，没有什么不同，以后他们还会日复一日地持续这种高效。

所有这一切都说明，当今的统计方法不是像铺地毯或选系主任那样，做完了就万事大吉。在适合的地方，统计方法每天都必须要用，永远都不会到达无须改善的境地。随着使用自动化机械的增多，现在比以往任何时候都更强调一致性和适当设计，这只有在统计方法的帮助下才能达成。

摘自在美国质量控制协会大都市篇章的演讲

1958 年 3 月于联合国

日本统计质量控制的最新进展

本文的前言和目的

任何事情说到最近的进展，首先必须确定什么是最近。10 年或 15 年在人类历史上算不了什么，但在现代工业生产中，也许是很重要的一个阶段。

人们还必须确定什么取得了进展，这些进展是如何取得的。日本统计质量控制的最新进展是否意味着无数竞争力强大的产品正威胁着美国、英国或其他国家的生产者？或者意味着从日本传播出来的新方法和新观点？无数竞争力强大的产品要求定义竞争，这只有美国联邦贸易委员会才能做到，我肯定不行。

在我看来，关于日本自 1950 年以来统计质量控制进步的真正重要的是他们在技术上的竞争地位，以及从日本的贡献中我们能吸取的教训。他们努力获得的成功已众所周知，但人们却不太了解他们高效的原因和努力的速度。

第一次讲座是在日本科学家和工程师联合会主席石川一郎先生要求下于 1950 年 6 月在东京的工业俱乐部举办的。接下来的一个月，在箱根的山野大酒店有后续讲座，在我之后到访的日本各个城市也都组织了学习会。这些讲座要求管理人员负责在生产的所有阶段优化统计方法的运用，而且他们需要明白：在生产、检验、消费者研究和产品再设计中，统计方法是永无止境的螺旋式改进。统计方法以简单的术语描述管理者有责任了解生产能力，对失败导致的经济损失要予以重视。

显然，日本人从来不需要用形容词描述统计质量控制，统计质量控制不是别的，而是全部。

这些讲座用图表强调混淆特殊原因与普通原因所造成的损失。在企业管理与公共事务管理中，混淆普通原因与特殊原因是严重的管理错误之一。对任何事件，如事故、停产（鞋厂因为断线而停产）等的自然反应是责怪某个操作员或某台机器。然而，真正的原因对所有操作员和所有机器都普遍存在，那就是线的质量差，这是管理者的错误，是他们决定从当地或分支机构买线。挫伤积极性、令人沮丧、经济损失等都是将普通原因归咎于某个特定的操作员或当地条件而造成的不可避免的结果。

统计技术的一项功能是区分这两种原因，并据此纠正归责错误。

美国企业运用统计方法的早期，统计质量控制的这项功能没有被重视，在这个问题上，日本得益于先进的思想。

日本的统计教育。日本的统计教育计划开始于1950年6月，由日本科学家和工程师联合会主办。1950年，共有500名工程师参加了为期8天的技术讲座，之后参加学习的人数每年都新增几百人。1950年、1951年，以及随后的几年都另外开设了消费者研究抽样学习课程。

这样开始的大规模教育的效果比美国9年前开始的8天课程的效果要明显和迅速得多。首先是因为1950年日本的情况很绝望，必须争分夺秒。第二个原因是因为管理者们意识到使用统计技术可能产生的结果，于是他们立即开始让工程师们接受教育。第三个原因：实际上，日本参加这些技术课的每一个人都懂微积分。

还有其他原因，其中最重要的是日本科学家和工程师联合会积极、有系统地主办继续教育课和高级理论课。各种不同程度的统计理论课都开展，现在依然在开展。课程持续时间、哪天上课、什么时间上也各不相同，既满足那些必须从很远的地方赶来的工程师的要求，也方便家住在东京或附近地区的工程师们。

另外一个优势是成立委员会研究新理论，调查统计应用的不同领域，如散装材料的抽样（主要是铁矿）、试验设计、排队理论和其他问题。这些委员会的工作所产生的影响已经根本改变了日本企业的大部分实践。

《统计质量控制》期刊的出版始于日本科学家和工程师联合会，这本刊物现在已经发行了 14 年。《研究报告》在全世界的数学统计学家们的心中享有很高的声誉，到今年是第十三年。

统计方法在日本迅速见效的另外一个原因是得益于统计方法在西方世界使用近 30 年的经验。在美国，最开始自然有一些不可避免的误解，而且统计技术的某些方面没有得到应有的重视。例如，控制图起先只用于帮助排除特殊原因，对于普通原因几乎没有关注。统计方法几乎毫无差错地将普通原因与特殊原因区分开来，这点很重要，而且普通原因的排除取决于管理者，但这些都没有得到足够的重视。刚开始时，人们常常将验收抽样与过程控制混淆。有些人用它来估计批次质量，在其他人看来，验收抽样是区别质量好的批次与质量差的批次。他们还以统计计算替代工程知识，然后试图用他们自己的工程知识解决统计问题。

到 1950 年，人们已经拨开浓雾见天日，在日本有个全新的开始是可能的。这些原则都被纳入日本的教学之中。

摘自美国质量控制协会会议讲话

1964 年 9 月 12 日于斯坦福大学

该讲话被扩展之后发表在《印度统计学报：B 辑》

1966 年第 28 卷，第 1、2 期

日本发生了什么

本文的前言和目的

根据日本制造商自己的说法，日本产品的竞争地位主要是通过在广义上理解和使用统计质量控制取得的。日本发生的一切不能全部归功于统计技术（后面我会进一步讲这个问题），但统计技术在日本创造的奇迹中一定起了重要作用。第一步是激发管理人员改善质量的强烈愿望，让他们对改善质量的可能性有信心，而且让他们知道统计方法能帮助他们。

这篇文章的目的是介绍从统计质量控制的角度观察到的日本成功的一些原因，期望在世界其他地区，包括美国，积极使用统计技术。对统计方法在生产中应用有兴趣的科学和专业协会应该认真重视日本发生的变化。

日本统计质量控制的九大特征

据我观察，日本制造商迅速采用统计质量控制并取得成功的原因主要有如下 9 项：

1. 管理人员真正下决心提高质量。
2. 相信他们有能力改变日本产品过去遗留的坏名声，对日本人的科技能力有信心，对日本人的技术有信心。我可以再增加一条：对统计方法有信心。
3. 他们是日本人，有工业经验，对自己的工艺有着与生俱来的自豪感。
4. 日本的高级管理、统计人员和工程师们学了广义休哈特统计质量控制，下面我会给予定义。
5. 管理者立即对统计质量控制产生了兴趣，而且了解它可能产生的结果，更了解他们自己将要承担的责任。开始时，适当安排与高层管理接触是日本统计教育的幸运特征之一。

6. 统计教育成为持续性教育，统计方法不是像铺地毯或选系主任那样，一次安装到位就万事大吉。统计方法需要不断适应、修改、扩展，需要新理论和有关材料统计特征的新知识。或许 1950 年开始的 8 天课程所取得的主要成就是激发了人们学习统计方法的灵感。
7. 日本人知道统计问题与工程、化学、管理或市场营销等问题的不同。他们知道，统计知识不能替代工程或其他专业知识，工程知识不解决统计问题。
8. 日本的制造商们自力更生，既没有向他们的政府，也没有向我们的政府寻求帮助，他们安排咨询时，同时也把机票和支票寄来。通过日本科学家和工程师联合会，他们既给予统计教育经济上的支持，也给予道义上的帮助。
9. 他们有非常明确的渠道将建议和技术信息从基层传到高层监督和管理。只要有可能将事情做得更好，日本的管理者，无论多么年长或多么成功，都会乐于听取意见。

我们应该提及日本每年以那个帮助日本制造商的美国统计学家的名字命名的奖项所起的激励作用（那个统计学家是威廉·爱德华兹·戴明），根据奖励委员会的意见，获奖的那位制造商在过去一年中产品质量取得了最大的进步。许多公司都竞争这个奖项，虽然只有一个（最多两个公司）能得这个奖，许多公司不断竞争该奖项对产品质量起了非常重要的促进作用。

给高层管理人的讲座

给管理人员做讲座开始于 1950 年，这些讲座提出了几个简单的问题供人思考。我不是经济学家，也不是商人，我只是一个统计学者，但一些结论似乎不可逃避。日本的产品为什么一定要改善质量？因为现在日本的产品必须有竞争力：它们已经失去了亚洲市场，西方世界的劣质产品也正在失去市场。

需要的粮食不必全部自己种，我是这么认为的，芝加哥不种粮食，瑞士也不种粮食。进口粮食，用出口所得买粮食，对于日本人而言，这样做也许更明智。市场需要质量，如何打造质量？如何树立质量优良的好名声？

我认为，没有哪个国家像日本那样能干，他们有巨大的高技能、受过良好教育的工业人力资源，有众多技术高强的工程师、数学家和统计人员改善产品质量。统计方法能帮助他们：事实上，没有大规模使用统计方法，将产品质量提高到一定的高度是不可能的。看着他们那么认真严肃的决心，1950 年 7 月我在东京的一次与制造商们的集会上预言，5 年内，其他工业国家的制造商们将处于防守地位，10 年之内，日本产品品质优良的名声将在全世界牢固树立。

在日本企业的各个阶段，统计技术已经成为一只生命力旺盛的基本力量。全世界都知道日本制造商遵守预定的时间表遵守得多么好。

管理人员必须承担在生产各阶段优化使用统计方法的责任，他们要明白统计质量控制是永无止境地改善生产、检验、消费研究和产品再设计的螺旋式循环。在讲座中，要用简单的术语说明，管理者有责任了解生产能力，有义务查明普通原因，对于因没有履行这些义务而导致的经济损失，管理者应该承担责任。

日本的制造商们如此认真地对待这些观点，于是他们一起努力采取行动，星星之火速度太慢。齐心协力意味着在竞争者之间合作，帮助供应商，立刻关注消费者的要求（在日本可能是第一次这么做），不断进行消费研究，为再设计提供反馈。

结果令人瞩目，即使仅一年之后，而且在没有增添任何新机械的情况下，每人每小时的生产率提高显著。某钢铁公司每生产一吨钢节约了28%的煤耗，某制药大公司每单位原材料生产出的成品是原来的3倍。一家大型电缆公司大幅度减少用纸量和绝缘线与绝缘电缆的返工率。许多公司都将事故率降低到永久低水平。提高产品质量和可靠性的目标如期实现，如预计的那样，5年内许多日本产品在世界市场受人尊敬的程度已经到了令人畏惧的程度。

统计质量控制的定义

日本人只知道沃特·休哈特博士介绍的广义上的统计质量控制。1950年，人们以浅显易懂的英语定义了统计质量控制，从那以后，该定义全部都用大字书写：

> **统计质量控制是在生产的所有阶段对统计原则和技术的应用，以使某种极其有用且有市场的产品获得经济化生产。**

实际应用时，统计质量控制的这个定义意味着：

1. 使用统计方法制订原材料、零件、配件的规格和最终产品的性能，采用适当的统计设计。
2. 协助供应商。任何原材料或零件都是最终产品的一部分，提高从供应商购买的原材料或其他先期产品的质量是质量计划中一项最重要的要求。
3. 程序控制。用统计方法查明特殊原因（均值极差图、运行图、试验设计和其他技术)。举例说明特殊原因和普通原因之间的区别。将查找责任与排除责任区分开来。

① 导致差异的特殊原因 (现场人员)。

② 导致差异的普通原因或一般原因 (上层管理者)。

4. 在适当的地方采用验收抽样。

5. 消费研究，检测使用中的产品。

6. 产品再设计。

7. 在实验室测试新产品，或测试使用中的新产品。

8. 使用合适的理论确定最佳库存和分配经济。

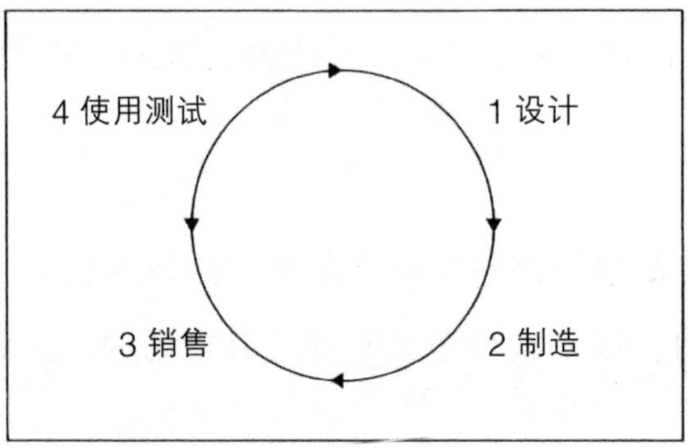

图 8.1 应用统计方法的循环

应用统计方法的循环

图 8.1 所示统计方法是不间断的、永无止境的循环过程：

1. 产品设计。

2. 制造。

3. 销售。

4. 使用测试。

5. 重复第一步。根据使用测试的结果，重新设计产品。

6. 重复第二步。

7. 重复第三步。

统计方法将责任公平地分配在它应该归属的地方（现场操作员、领班或高级管理者），无论如何评价它的贡献都不过分（有关统计方法详情请查看第七章）。

我认为，统计质量控制在美国企业使用统计方法的早期历史中没有被重视，甚至现在仍然被忽视。在这个问题上，日本得益于先进的思想。

其他统计技术

消费研究是统计质量控制教学整体的一部分。事实上，家庭财产清单调查，药品、缝纫机、自行车等产品需求等都包括在 1951 年夏天的抽样课程教学中。（这门课程是戴明教的。）该课程是日本人第一次学习消费研究，其目的是日本公司要采用现代抽样方法进行消费研究。

在日本教学时，休哈特控制图被作为查明是否存在导致差异的特殊原因的统计工具而学习，而不是作为实际发现原因的工具。但强调的是行动，一旦某个点超出范围，找到原因，并排除它。如果已经处于稳定的统计控制，应该对普通原因采取行动。

验收抽样是作为一项保护计划来教的（当样本缺陷率超过允许的范围时，可以拒收）。单位产品的规格当然重要，但无论多么重要，除非供应商手里有购买方的批次产品抽样计划，以及接收或拒收方案，否则他不知道如何预计生产该产品的成本。批次产品的量是多大？发现有瑕疵的产品如何处理？供应商和购买方要彼此了解，必须将上述问题的回答写入接收方案。验收抽样计划是批量合同的必要组成部分。

日本大规模进行统计方法教育的效果比美国所看到的效果更明显、更迅速。首先是因为1950年日本的情况很绝望，必须争分夺秒。其次，管理者们响应更积极。第三个原因，实际上，日本参加这些技术课的每一个人都学过微积分。

日本科学家和工程师联合会积极、有系统地主办继续教育课和高级理论课。不同程度的各种统计理论课都有，课程持续时间、哪天上课、什么时间上也各不相同，既满足那些必须从很远的地方赶来的工程师们的要求，也方便家住东京或附近地区的工程师们。

另外一个优势来自专门委员会的成立，这些委员会研究新理论，调查统计应用的不同领域，如散装材料的抽样（主要是铁矿）、试验设计、排队理论和其他问题。这些委员会所做的工作已经根本改变了日本企业的大部分实践。

《统计质量控制》期刊是由日本科学家和工程师联合会组织创办的，现在已经发行了18年。《研究报告》在全世界数学统计学家们的心中享有很高的声誉，到今年已经是第十七年。专门为领班们创办的期刊也开始发行，还有一本期刊是为工程师们创办的。

统计技术的优势和局限

日本人知道，使用统计方法带来的进步不是通过在工厂寻找应用这项或那项统计技术的机会，而是在工厂找问题，然后考虑什么统计技术可能会有帮助。

日本的统计教学强调管理者和工程师们预见问题并说明问题的责任，教统计技术不是要把它们作为可以这里试试，那里试试的工具包，它们是解决问题的辅助工具，是知识和创造力的补充。

日本人知道统计技术能做什么，不能做什么。

摘自“日本记事”

《企业质量控制》

1967年8月，第24卷第2号

日本科学家和工程师联合会的质量控制工作记录

介绍

据我了解，日本科学家和工程师联合会（JUSE）是日本经济联盟的活动之一。我第一次与JUSE接触是因为1949年小柳贤一先生给我寄来了一封信，他是该组织日常管理的负责人，直到1965年去世。这封信邀请我去日本做统计质量控制的讲座。1950年6月、7月和8月我去日本讲学。我在日本的第一次活动是由麦克阿瑟将军占领日本期间的盟军总司令经济和科学部安排的，但以后10次去日本都是我和JUSE的个人合作。实际上，每次去日本讲学的邀请信内都附了机票和支票。换句话说，从我第一次讲学之后，日本制造商们就不再请求他们或我们的政府支付聘我讲学的费用。也许他们认为，在道义上他们不应该这么做。

主要是因为小柳贤一先生不懈的努力和能力使日本的制造商们接触到了消费研究和质量控制方面的统计技术。

石川一郎先生

我在东京第一次接触日本管理人员是通过石川一郎先生，他担任日本经济联盟主席很多年，直到1970年去世。1950年，石川先生几乎不会说英语，但他知道统计方法能为日本的企业做什么。他是昭和电工株式会社这个大公司的总裁，一个富有的日本人，一个令人尊敬的公共领袖，他倡导了许多旨在改善民事和工业事务平稳运转的活动。当石川先生发电报召集企业领导人于1950年7月25日在东京的工业俱乐部开会时，每个人都来了，这要归功于他的领导能力。他时不时学一些英语，后来他的英语变得很流利。

给管理人员的讲座

1950年夏天，我正在或即将给东京、大阪、名古屋和福冈工程师们讲简单统计方法时，我的脑子里突然有个恐怖的想法：无论这些工程师们如何巧妙地将他们所学的新知识运用到工作中，如果管理者不懂统计方法，不知道他们有责任减少导致质量差或生产率低的普通或环境原因，工程师们所做的努力不能完全发挥作用，甚至还会令人失望。

统计技术已经成为日本企业各阶段活跃的、富有生命力的基本力量。

这里烧一把火，那里烧一把火，这样太慢，这场运动要有地震的威力，影响到日本所有企业。第一步是要点燃管理人员改善质量的欲望，让他们相信，改善质量是可能的，运用统计技术能帮助他们改善质量。

日本的制造商们对待这些观点很认真，于是他们一起努力采取行动。

任何有机会亲身经历日本人计划任何项目细节的人都会彻底了解，日本的管理人员将产品设计、减少产生麻烦的普通（环境）原因和市场问题都视为自己的责任，他们发明了在世界市场经济有效运作的贸易组织。

JUSE 的课程简述

我认为，JUSE 的收入主要来自质量控制教育课程。当然，大部分课程是关于统计理论和应用。但 JUSE 从没有错失任何开展其他教育活动的机会，如运用计算机的研究。在石川一郎先生带领下，1955 年 JUSE 建立了品管圈，后面有更多介绍。

JUSE 提供的统计理论和应用课程种类繁多、深浅不一。从教育角度来说，JUSE 是为各种程度的管理人员和生产人员提供继续教育，填补大学里学习的统计理论与在企业运用之间的空白。它也提供统计方法的基础课，还有给管理人员开办的课程和举办的讲座，这些课程和讲座比较难。我见过那些管理人员，吃惊地看到，居然有这么多管理者 5 天不上班，像在他们自己的工厂里一样努力，努力学习统计质量控制技术。日本管理者从来不会错误地认为他们已经好得不能再好了，或者认为质量工作能被替代。他们不厌其烦地了解统计方法是什么，统计方法为什么必要，统计方法对公司意味着什么。

JUSE 有高级统计理论课、中级课程和初级课程，在东京工作的人可以选择上晚上的课。有 5 天、10 天的集中培训课，对于那些不在东京居住的人，课程时间会长一些。

品管圈活动

在日本，人们常常将这项活动与质量控制相混淆。品管圈有巨大的影响力，但只是日本质量控制的一个方面。品管圈活动是日本征求个人帮助、以减少或排除导致问题的普通或环境原因的一种方式。

无论针对产品还是公司，日本工人比美国工人更有责任感，不必为此一一列举所有可能的原因，尽管我知道这些原因是什么。日本的工人一直具有的特权是，他们不但提建议，而且还可以尝试。比如，改变操作顺序的建议可以在独立组进行试验。品管圈活动是广泛的以组为单位参加的活动，可能有300多万生产工人参加了有组织的品管圈。30万生产工人在JUSE注册。品管圈活动的官方期刊《领班质量控制》发行量是9万份，在专业或科学期刊中可能是世界发行量最大的。

参加品管圈活动的男女平均年龄大约在24岁。我参加了一次他们的会议，听年轻人在大约1800名青年听众面前讲他们如何降低缺陷率，如何增加产量，这的确是一次非常独特的经历。公司之间交换思想（包括竞争者之间）是日本的生活方式。

外国专家讲座

JUSE的管理者从来不会错失任何机会邀请外国专家举办一期或多期研讨班，讨论高层管理问题；如果有兴趣的话，参观一个或几个工厂。其中的一项成就是多次邀请到约瑟夫·朱兰博士去日本讲学。我们这些在美国了解朱兰博士的人都知道他在日本的影响力有多大。艾奇逊·邓肯也多次做了讲座，还有其他人，现在想不起他们的名字。

1969年11月国际会议

这是质量控制的第一次国际会议，与会者来自世界各地，宣读的论文有1000多篇，JUSE出版了会议纪要。会议安排非常出色，参加过日本国际会议的人，将日本国际会议与他们参加过的在其他国家举办的会议相比，很难找到合适的形容词表达他们的感激与谢意。这次会议是小柳贤一先生的梦想，但他没能等到会议的召开就去世了。

工作委员会

JUSE在1950年以后的短暂时间内成立了许多委员会，专门处理企业中的各种难题。有石川一郎先生领导下的散装材料抽样委员会，该委员会的工作成果之一是制订了煤和各种矿石抽样的日本工业标准。任何熟悉该领域的人都明显注意到他们在这些标准中投入的关注、知识和技术。难怪这些标准被广为欣赏和采用。

K委员会（K代表川田教授）主要从事数学问题的高级研究与合作。创办了期刊《研究报告》，刊登相关的理论研究与应用。这本期刊的卓越地位举世瞩目。

出版物

JUSE出版的期刊有《统计质量控制》《领班质量控制》和《研究报告》。《研究报告》用英文出版，发表的文章包括数学的应用。JUSE的出版部还大量出版了有关质量控制和相关主题的书籍。

奖项

JUSE设立了几项年度奖，每年举办的全国大会进行颁奖，通常在11月。公众的兴趣显而易见，颁奖仪式由广播播放，这些奖项极大地促进全日本企业改善设计、质量和生产经济。主要奖项是两个戴明奖，给统计员个人奖励一笔钱，另一个奖是奖励公司。戴明奖评审委员会听取各个工厂和公司的陈述，并现场参观。在比较全公司整体优秀与隶属于某大公司某工厂的优秀之间，他们很难决定。

当然他们也考虑小公司和分包公司。每年都有质量月，彩旗飘扬。

成绩总结

现在想要学习质量控制的人都应该参观日本。据我估计，日本的管理远远超过其他国家的行业管理。

美国的管理者和质量控制专家不能再把头埋在沙子里，用以前的老借口说日本人只能抄袭别人的模式和方法。索尼抄袭了谁？他们抄袭了谁的火车？抄袭了什么地方的社会现象制订了品管圈？他们抄袭了哪个贸易机构，将产品卖到了美国和其他国家？

统计方法在日本的更新，加上他们熟练的管理也许可以克服日元升值，甚至在外国市场取得更好的竞争地位。

摘自日本科学家和工程师联合会质量控制工作记录，1969 年

THE ESSENTIAL DEMING

日本讲学 20 年后，戴明回顾了日本科学家和工程师联合会取得的成就，以及讲座对他们工作资本的影响。

JUSE 的早期历史

1950 年访问日本的一个意外收获是帮助 JUSE 走上了正轨。1950 年去日本时，JUSE 还只是小柳贤一先生组织起来的几个人的小团体。这几个人是小柳先生在战争期间召集的为战争服务的一群人。战后，这群人的目的是重建日本。目的明确，但这些人没有方案。

他们得到了政府微薄的经济支持，办公室设在离东京中央车站不远的、很早以前被毁坏的北九州大楼。小柳先生从他自己那里给我腾出了一间不错的办公室。

1950 年 6 月，那些参加了在医学协会礼堂举办的 8 天学习的学员们交来了学费。每个人的费用是 1.5 万日元，参加的人数有 235 人，大多数是工程师，我讲课没有收取费用。几周后大阪的学员人数是 150 人、名古屋 125 人、博多 85 人。JUSE 在经济上站稳了脚跟，并稳定发展。

几个月后再去日本，再过了 6 个月，又去了一次，后来多次去日本讲学，JUSE 的营运资金不断增加，现在已经很充足了。

摘自 1970 年写的笔记

THE ESSENTIAL DEMING

1955 年，小柳贤一先生在一本小册子里提到了“戴明奖”，该奖项设立于 1950 年。

> 为了感谢戴明博士的友谊，也为了纪念他对日本工业的贡献……作为战败国，大多数日本人感觉奴颜婢膝，很多同盟国的人都趾高气扬。跟他们截然不同的是，戴明博士对见到的每一个日本人都非常热情，并和每一个人坦诚交换意见。他崇高的品格给所有上过他的课、熟悉他的人留下了深刻的印象。他发自内心地喜欢日本和日本人，他的真诚和热情一直并将永远烙印在一切相关人员的心中。

THE ESSENTIAL DEMING

从 1950 年到 1993 年，戴明每年都要为日本的戴明奖颁奖仪式准备发言稿，可能的话，他会亲自去，有几次是由他的女儿们代表他讲话，有时候是由他的代理人代表发言。他的讲话总是包括对日本人所做贡献的高度赞扬，对他们未来的鼓励，以及要吸取的教训。这些讲稿和其他摘要在本书的其他地方已经出现过。下面是戴明在 1974 年戴明奖颁奖典礼上的讲话内容。他对日本人的深厚感情和对他们所取得的成就的自豪显而易见。

爱德华兹·戴明在1974年11月戴明奖颁奖典礼的讲话

非常感谢能荣幸地为1974年11月举办的戴明奖颁奖仪式发表讲话。所有在场的人都应该感谢“戴明奖”的第一任委员会，是他们的智慧和努力设立了获奖规则。这些规则使日本公司之间健康、公平地竞争这个奖项。

衷心祝贺日本电气株式会社总裁小林宏治先生成为今年的获奖者，我也祝贺共同调查有限公司和堀切弹簧制造有限公司获得小企业奖。

许多公司竞争戴明奖，不幸的是，每年只有一个或为数极少的人或公司能入选。但所有参与竞选的公司都对日本产品的质量，以及日本产品和日本人在全世界的良好声誉做出了贡献。

1950年，当日本的质量处于低谷时，我对日本的管理人员和工程师们说，日本有丰富、重要的国家资源，这些资源是：①受过良好教育的工程师；②世界上最勤劳的生产工人；③全世界都羡慕的、有技术和创造力的、没有其他哪个国家能赶超的管理人员。

所有尺寸差异或其他质量特征差异都应该研究，即使产品100%符合规格。产品差异损害产品的可靠性和稳定性，代表生产损失，以及材料、燃料、机器和人工的浪费。

能否获得可靠性、低成本和高产出，取决于以下三个方面：

1. 已经生产的产品的处理。该运给顾客吗？送来的原材料应该接收吗？日本制造商已经树立了高质量的良好声誉，他们只允许出口质量最好的产品以保持这种声誉。实现这个目标的主要工具有：①消费者和制造商能计算、控制风险的统计接收方案；②样品检测；③仪器和测量标准的校准和维护。检验和接收的统计方案为消费者和制造商提供了计算和控制风险的根据，为批质量提供了可操作的定义，是生意得以继续的基础。

2. 在生产过程中，有导致差异的特殊或专门原因，通过运用统计信号(常见的有均值极差图)，工人自己能纠正这些问题。统计控制的成就是能让生产工人为公司做出最大贡献。

3. 用于查明是否存在导致差异的特殊原因的统计信号同样可以用来测量因系统错误引起的差异，即我在1950年给管理人员第一次讲课时所说的普通原因。改变系统是管理者的责任，例如，系统的改变可能是改变操作顺序，改变原材料或成分，改变产品设计，减少振动、噪音、混乱等。

1950年，日本的管理者对上述意见立即采取了行动。第一步是了解如何运用统计方法使产品质量达到更好的一致性，接着是新设计和新产品。日本科学家和工程师联合会开办了不同程度的课程，这些课程让工厂的工程师、生产工人和领班学习使用均值极差图，以及其他技术，用于查明差异的特殊原因，排除或减少这些原因。日本科学家和工程师联合会也举办了高层管理人员研讨班和各种程度的管理人员统计技术和统计逻辑短期课程。质量立即成为整个国家共同努力的方向。

日本管理人员为改善系统采取的最重要的措施之一是组织品管圈活动，由我的好朋友石川馨教授首创。这是管理人员对改善系统所做的一个回应，是管理者利用现场工人的专业知识改善系统的优良举措。

我这一生感到最满意的两件事情：一是在日本有许多朋友；二是从1950年起，通过日本科学家和工程师联合会与日本企业合作。

日本开始于1950年的质量革命是在生产中发挥统计方法力量的最佳展示。